영어로
세상읽기 II

정영옥

박영사

PREFACE

세계적인 언어학자 스티븐 크라센은 '많은 글을 읽는 것은 영어를 익히는 가장 좋은 방법은 아니다. 그것은 유일한 방법이다' 라고 하였다. 그만큼 언어습득에 있어서 읽기의 중요성을 말해준 것이라 생각한다. 많은 글을 읽으면서 자연스럽게 단어가 암기되고 문장구조가 익혀질 수 있도록 훈련하는 것이 영어독해에서 무엇보다 중요하고 또 영어독해가 될 때 영어듣기도 쉬워질 것이다.

필자는 이러한 생각에서 인생 선배로서 학생들에게 진심으로 해 주고 싶은 말, 즉 무엇보다 삶에 긍정적인 태도를 가져라, 이 세상에 태어나게 해 주신 부모님께 감사하고 지금 살아 있음에 감사해라, 나의 미래가 어떻게 전개될지 두렵기도 하겠지만 하루 하루 자신의 삶에 최선을 다하자는 등의 내용으로 영어독해를 공부하는 '영어로 세상읽기 I'을 집필하였었다.

본 저서는 그 후속편으로 역경을 이기고 자신의 꿈을 이룬 사람들, 보다 나은 세상을 만드는 일에 자신의 성공을 최대한 활용한 사람들이 전하는 이야기, 당부하는 이야기를 바탕으로 영어독해를 공부하도록 설계하였다. 이들의 이야기는 감동적일 뿐만 아니라 이 글을 읽는 사람들의 성장에도 많은 기여를 할 것으로 생각된다. 또한 이들의 이야기는 유명한 연설문으로 유튜브에서 쉽게 찾아들을 수 있기 때문에 듣기 훈련에도 많은 도움이 될 것으로 생각된다.

필자가 근무하는 동신대학교는 무엇보다 인성교육을 강조하고 있으며 동신대학교가 배출하는 인재는 나뿐만이 아니라 너와 나 모두 함께 잘 사는 세상을 만드는 'Together 인재'를 육성하는 것을 목표로 하고 있다. 따라서 영어독해 공부도 이런 취지에 부합하는 내용의 감동적인 글로 해 보자 하는 것이 필자가 이 책을 쓴 이유이기도 하다.

부디 이 책이 공무원 시험 준비를 하는 수험생들에게 영어독해에 대한 재미와 자신감을 찾는 데 조금이라도 보탬이 되길 바라며, 끝으로 책 출판을 기꺼이 허락해주신 출판사 관계자분들께 진심으로 감사를 표한다.

2023년 2월
동신대학교 경찰행정학과 정영옥

CONTENTS

Chapter 04

The Fringe Benefits of Failure, and the Importance of Imagination

_J.K. Rowling

Chapter 01

You've Got to Find What You Love
_Steve Jobs

이 연설은 혁신의 아이콘 스티브 잡스가 2005년 6월 스탠포드 대학 졸업식에서 한 연설이다. 스티브 잡스(1955.2.24.~2011.10.5.)는 미국의 기업인이었으며 애플의 전 CEO이자 공동 창립자이다. 1976년 스티브 워즈니악, 로널드 웨인과 함께 애플을 공동 창업하고, 애플 2를 통해 개인용 컴퓨터를 대중화했다. 또한, GUI와 마우스의 가능성을 처음으로 내다보고 애플 리사와 매킨토시에서 이 기술을 도입하였다.

1986년 경영분쟁에 의해 애플에서 나온 이후 NeXT 컴퓨터를 창업하여 새로운 개념의 운영체제를 개발했다. 1996년 애플이 NeXT를 인수하게 되면서 다시 애플로 돌아오게 되었고 1997년에는 임시 CEO로 애플을 다시 이끌게 되었으며 이후 다시금 애플을 혁신해 시장에서 성공을 거두었다.

한편 그는 2003년 무렵부터 췌장암으로 투병생활을 이어왔다. 그의 악화된 건강상태로 인하여 2011년 8월 24일 애플은 스티브 잡스가 최고경영책임자(CEO)를 사임하고 최고운영책임자(COO)인 팀 쿡이 새로운 CEO를 맡는다고 밝혔다. 잡스는 CEO직에서 물러나지만 이사회 의장직은 유지시키기로 했으나, 건강상태가 더욱 악화되어 사임 2개월도 지나지 않은 2011년 10월 5일 향년 56세의 나이로 사망하였다.

Part 1 First story is about connecting the dots

1

I am honored to be with you today at your commencement from one of the finest universities in the world. I never graduated from college. Truth be told, this is the closest I've ever gotten to a college graduation.

2

Today I want to tell you three stories from my life. That's it. No big deal. Just three stories.

3

The first story is about connecting the dots.

4

I dropped out of Reed College after the first 6 months, but then stayed around as a drop-in for another 18 months or so before I really quit. So why did I drop out?

5

It started before I was born. My biological mother was a young, unwed college graduate student, and she decided to put me up for adoption.

6

She felt very strongly that I should be adopted by college graduates, so everything was all set for me to be adopted at birth by a lawyer and his wife. Except that when I popped out they decided at the last minute that they really wanted a girl. So my parents, who were on a waiting list, got a call in the middle of the night asking: "We have an unexpected baby boy; do you want him?"

7

They said: "Of course." My biological mother later found out that my mother had never graduated from college and that my father had never graduated from high school. She refused to sign the final adoption papers. She only relented a few months later when my parents promised that I would someday go to college.

8

And 17 years later I did go to college. But I naively chose a college that was almost as expensive as Stanford, and all of my working-class parents' savings were being spent on my college tuition. After six months, I couldn't see the value in it.

9

I had no idea what I wanted to do with my life and no idea how college was going to help me figure it out. And here I was spending all of the money my parents had saved their entire life. So I decided to drop out and trust that it would all work out OK. It was pretty scary at the time, but looking back it was one of the best decisions I ever made.

10

The minute I dropped out I could stop taking the required classes that didn't interest me, and begin dropping in on the ones that looked interesting.

11

It wasn't all romantic. I didn't have a dorm room, so I slept on the floor in friends' rooms, I returned Coke bottles for the 5¢ deposits to buy food with, and I would walk the 7 miles across town every Sunday night to get one good meal a week at the Hare Krishna temple.

12

I loved it. And much of what I stumbled into by following my curiosity and intuition turned out to be priceless later on. Let me give you one example:

13

Reed College at that time offered perhaps the best calligraphy instruction in the country. Throughout the campus every poster, every label on every drawer, was beautifully hand calligraphed. Because I had dropped out and didn't have to take the normal classes, I decided to take a calligraphy class to learn how to do this.

14

I learned about serif and sans serif typefaces, about varying the amount of space between different letter combinations, about what makes great typography great. It was beautiful, historical, artistically subtle in a way that science can't capture, and I found it fascinating.

15

None of this had even a hope of any practical application in my life. But 10 years later, when we were designing the first Macintosh computer, it all came back to me. And we designed it all into the Mac. It was the first computer with beautiful typography.

16

If I had never dropped in on that single course in college, the Mac would have never had multiple typefaces or proportionally spaced fonts. And since Windows just copied the Mac, it's likely that no personal computer would have them. If I had never dropped out, I would have never dropped in on this calligraphy class, and personal computers might not have the wonderful typography that they do. Of course it was impossible to connect the dots looking forward when I was in college. But it was very, very clear looking backward 10 years later.

Again, you can't connect the dots looking forward; you can only connect them looking backward. So you have to trust that the dots will somehow connect in your future. You have to trust in something — your gut, destiny, life, karma, whatever. This approach has never let me down, and it has made all the difference in my life.

Notes

I am honored to be with you today: 오늘 당신과 함께 하여 영광입니다

be honoured (수동태로) 영광되다, 영광이다(연설의 첫 부분에서 자기 연설을 들으러 온 사람들에게 하는 감사의 인사)

at your commencement: 당신의 졸업식에서

commencement 졸업식(=graduation), commencement speech 졸업식 연설, commencement는 시작이란 의미가 있는데 미국에서는 '대학졸업'의 의미로 사용

one of the finest universities in the world: 세계에서 가장 좋은 대학의 하나인, fine 질 높은, 훌륭한, 좋은, finest 가장 좋은, 최고의

truth be told: 사실상, 사실대로 말하면(=if the truth must be told)

This is the closest I've ever gotten to ~: 이것이 ~에 가장 가까이 다가간 것이다

connecting the dots: 점들을 연결하는 것, connect 연결하다, dot 점

I dropped out of Reed College: 나는 리드 대학을 중퇴했다.

drop out (of something) 중도에 그만 두다, 탈퇴하다, dropout 중퇴자

stayed around as a drop-in for another 18 months or so: 약 18개월 동안 청강 생으로 머물렀습니다. drop-in 청강생 (수강 신청하지 않고 수업에 들어감)

My biological mother was a young, unwed college graduate student: 제 친 어머니는 젊은 미혼의 대학원생이었습니다. biological mother 생물학적 엄마

I should be adopted by college graduates: 나는 대학 졸업자에게 입양되어야 한 다. be adoped 입양되다

We have an unexpected baby boy; do you want him? (여기) 우리가 예상치 못 했던 남자 아기가 있는데, 그 아기를 (입양하기) 원하십니까? unexpected 예기치 않 은

She relented when my parents promised that I would someday go to college: 그녀는 우리 부모님이 언젠가는 내가 대학에 갈 것이라고 약속한 후 동의했 다. relent (거부하다가, 반대하다가 마침내) 동의하다 (=give in)

After six months, I couldn't see the value in it: 6개월 후 나는 그것(비싼 등록 금 내고 학교 다니는 것)의 가치를 발견할 수 없었다. value 가치

I had no idea how college was going to help me figure it out: 나는 대학이 그것을 알아내는 데 어떻게 도움을 줄 수 있는지 알 수 없었다. have no idea 알 수 없다, figure out ~을 알아내다, 이해하다

I could stop taking the required classes that didn't interest me: 나는 내게 흥미 없는 필수 교과목을 듣는 것을 멈출 수 있었다. required class 필수 교과목

Much of what I stumbled into by following my curiosity and intuition turned out to be priceless later on. 나의 궁금함, 직관을 따라 듣게 된 것들 대부분은 나중에 아주 값진 것으로 나타났다. curiosity 궁금함, 호기심, intuition 직관, priceless 너무 귀해서 값을 매길 수 없는, later on 나중에

the best calligraphy instruction in the country: 나라 전체에서 가장 훌륭한 서체 강의, calligraphy 서예, 서체, in rude calligraphy 조잡한 필적으로

Every poster was beautifully hand calligraphed: 모든 포스터들은 아름답게 손 글씨로 쓰여졌다.

I learned about what makes great typography great: 나는 무엇이 훌륭한 서체를 훌륭하게 하는지에 대해서 배웠다. great typography 훌륭한 서체

None of this had even a hope of any practical application in my life: 이들 중 어떤 것도 내 삶에서 어떤 실용적 적용의 희망조차 없었다. practical 현실적인, 현실성 있는, application 적용, 응용

It was impossible to connect the dots looking forward when I was in college: 내가 대학에 있을 때 앞을 바라보면서 점들을 연결하는 것은 불가능했다. look forward 앞을 바라보다

You have to trust in something — your gut, destiny, life, karma, whatever: 당신은 당신의 직감, 운명, 삶, 카르마(업), 그 무엇이든 믿어야 한다. gut 직감, destiny 운명, karma 업장

지문 해석

1

전 세계에서 가장 우수한 대학 중 하나인 이 대학 학위수여식에 함께해서 영광입니다. 저는 대학을 졸업하지 않았습니다. 사실상 이것이 대학 졸업식에 가장 가까이 와 본 것입니다.

2

오늘 저는 당신에게 제 삶에서 세 가지 이야기를 하려고 합니다. 단지 그뿐입니다. 별거 아니고요, 그저 세 개의 이야기입니다.

3

첫 번째 이야기는 점들을 연결하는 것에 대해서입니다.

4

저는 리드대학을 6개월 만에 중퇴하였습니다. 그러나 진짜 그만두기 전까지 약 18개월 동안 청강생으로 머물렀습니다. 그러면 저는 왜 중퇴했을까요?

5

이유는 제가 태어나기 전부터 시작되었습니다. 제 친어머니는 젊은 미혼의 대학원생 이었고 그녀는 나를 입양보내기로 결정하였습니다.

6

그녀는 내가 대학 졸업자에게 입양되길 원했고 제가 태어나자마자 바로 한 변호사와 그의 아내가 입양하기로 되어 있었습니다. 내가 태어나자 그들이 여자아이를 원한다 고 했습니다. 그런데 당시 (입양 아기를) 기다리고 있던 (지금의) 제 부모님들은 한밤중 에 "여기 예상치 않은 한 남자아기가 있는데 당신들은 그 아기를 원하시나요(입양하겠 습니까)?"라고 묻는 전화 한 통을 받게 됩니다.

7

제 부모님들은 "물론입니다"라고 말했죠. 제 친어머니는 나중에 제 어머니가 대학을 졸업하지 않았으며 제 아버지는 고등학교도 졸업하지 않았다는 것을 알게 되었습니 다. (그래서) 제 친어머니는 마지막 입양 서류에 사인하기를 거부했습니다. 그러자 제 부모님들이 언젠가는 나를 대학에 반드시 보내겠다고 약속한 후 친어머니는 겨우 동 의했습니다.

8

그리고 17년 후 저는 대학에 들어갔습니다. 그러나 저는 순진하게도 스탠포드대학만 큼이나 비싼 대학을 선택했고 노동자 계층의 우리 부모님의 모든 저축은 내 대학 등 록금으로 쓰여졌습니다. (그러나) 6개월 후 저는 그 돈에 대한 가치를 발견할 수 없었 습니다.

9

저는 제 삶에서 무엇을 해야 할지, 대학이 그것을 알아내는 데 어떻게 도움을 줄지 알지 못했습니다. 그런데 저는 여기(대학)에서 제 부모님이 평생을 모아온 돈을 쓰고 있었습니다. 그래서 저는 중퇴했고 모든 것이 잘 될 거라고 믿었습니다. 당시에 그것은 좀 겁나기도 했으나 뒤돌아보면 내가 이제까지 한 결정 중 가장 잘한 것 중 하나였습니다.

10

저는 중퇴하는 순간 제가 흥미를 갖지 못하는 필수교과를 듣지 않을 수 있었고 흥미 있어 보이는 다른 교과를 듣기 시작했습니다.

11

모든 것이 그렇게 로맨틱하지는 않았습니다. 저는 기숙사방이 없었고 그래서 친구의 집 방바닥에서 잤습니다. 저는 음식을 사 먹기 위해 5센트 콜라병을 회수하였습니다. 그리고 매주 일요일 저녁 사원에서 제공하는 좋은 식사를 하기 위해 7마일을 걸어갔습니다.

12

저는 그 식사를 좋아했습니다. 제가 저의 흥미와 직관에 따라 들었던 많은 교과들이 나중에 매우 값진 것으로 나타났습니다. 한 가지 예를 들어 보겠습니다.

13

당시 리드대학에서는 아마도 전국에서 가장 멋진 서체강좌를 개설하고 있었습니다. 캠퍼스 전체의 모든 포스터, 모든 서랍의 라벨들이 예쁘게 손글씨로 써져 있었습니다. 저는 중퇴했기 때문에 일반 교과목을 듣지 않아도 되니, 어떻게 이런 글씨를 쓰는지 배우기 위해 서체 강좌를 듣기로 결정했습니다.

14

저는 셰리프와 산셰리프 서체에 대해, 다른 글자들 사이의 공간을 변화시키는 것에 대해, 타이포그라피를 멋지게 하는 것이 무엇인지에 대해 배웠습니다. 그것은 정말 아름답고 역사적이며 과학이 잡아낼 수 없는 예술적으로 미묘함이 있고 저는 그것이 매우 매력적임을 발견했습니다.

15

이들 중 어떤 것도 내 삶에서 실질적으로 응용할 가능성은 없었으나 10년 뒤 우리가 첫 매킨토시 컴퓨터를 디자인할 때 그것은 모두 제게 돌아왔습니다. 그리고 우리는 그것을 맥에 디자인해 넣었습니다. 맥킨토시는 아름다운 활자체를 가진 최초의 컴퓨터였습니다.

16

만일 제가 대학에서 그 한 과목을 듣지 않았다면 맥컴퓨터는 다양한 서체나 비율적으로 칸을 띄운 폰트를 갖지 못했을 겁니다. 윈도우가 맥을 카피한 이후 어떤 개인 컴퓨터도 윈도우를 채택할 것 같지 않습니다. 만일 제가 중퇴하지 않았다면 이 서체 강의를 들을 수 없었고 개인 컴퓨터들은 멋진 서체를 가질 수 없었을 겁니다. 물론 제가 대학을 다닐 때 앞을 내다보면서 점들을 연결하는 것은 불가능했습니다. 그러나 10년이 지난 후 뒤돌아보면 그것은 매우 분명합니다.

17

다시 한 번 말하지만 당신은 앞을 내다보면서 점들을 연결할 수는 없습니다. 당신은 오직 뒤돌아보면서 점들을 연결할 수 있습니다. 그러니 당신은 그 점들이 미래에 어떻게든 연결된다는 것을 믿어야 합니다. 당신은 그것이 무엇이든, 직감이든 운명이든 삶이든 업장이든 믿어야 합니다. 이런 접근방식은 저를 결코 실망시키지 않았습니다. 그리고 제 삶을 변화시켰습니다.

Vocabulary & Sentence Pattern

1. honour, be honoured

ex I <u>am honored to be with you today</u> at your commencement: 오늘 당신의 학위수여식에 당신과 함께 하여 영광입니다.

ex Today, it is <u>an honour for me</u> to be speaking again after a long time: 긴 시간 후 다시 연설할 수 있어 저로서는 영광입니다(Malala UN speech 중).

* 연설할 때 그 자리에 참석해준 청중들, 그 자리를 마련해 준 주최측에 감사의 말을 먼저 전하는 것이 일반적이며 이때 사용하는 문장패턴이다.

honourable 훌륭한, 고결한, honourable friend 친애하는 동료

ex <u>Honourable</u> UN Secretary General Mr. Ban Ki-moon, <u>Respected</u> President General Assembly Vuk Jeremic, <u>Honourable</u> UN envoy for Global education Mr Gordon Brown, <u>Respected</u> elders and my dear brothers and sisters; (Malala UN speech 중, 연설의 자리를 마련해주고 연설을 들어주는 UN 대표들을 일일이 거론하는데 전부 앞부분에 honourable 또는 respected를 붙여 존경하는, 훌륭한 등의 의미로 사용)

2. should

ex She felt very strongly that I <u>should be adopted</u> by college graduates: 그녀는(친어머니) 제가 대학 졸업자에게 입양되어야 한다고 매우 강하게 느꼈습니다.

ex You should brush your teeth after each meal. 식사 후 이를 닦아야 한다.

ex Generally, that means your child should be at least 6 months old. 일반적으로 당신의 아이가 적어도 6개월은 되어야 한다는 뜻이다.

ex She should be schooled with her peers. 그 여자아이는 또래들과 함께 교육을 받아야 한다.

ex Omelettes should be runny in the middle. 오믈렛은 가운데가 촉촉해야 한다.

ex I should have given up smoking years ago. 나는 수년 전에 담배를 끊었어야 했다(should + have + p.p ~했어야 했다).

ex With an early start, they should be here by noon. 일찍 출발한다면 정오까지 도착할 것이다(예상, 예측).

3. 가정법 if

ex If I had never dropped in on that single course in college, the Mac would have never had multiple typefaces: 만일 내가 대학에서 그 한 과목을 듣지 않았다면 맥컴퓨터는 복수의 서체를 갖지 않았을 것이다.

ex If he had studied harder, he might have passed the exam. 만일 그가 더 열심히 공부했다면 그는 그 시험을 통과했을 수도 있었다.

ex If it is fine tomorrow, I will go. 내일 날씨가 맑다면 나는 갈 거다.

ex If I had enough money, I could buy that large house. 만일 내가 돈이 충분하다면 나는 그 큰집을 살 수 있을 텐데.

ex If you had helped me, I should never have failed. 만일 네가 나를 도와주었다면 나는 결코 실패하지 않았을 것이다.

ex If you would do so, I should be glad. 당신이 그렇게 해주신다면 저는 매우 기쁠 것입니다.

ex If I were a bird, I would fly to you. 만일 내가 새라면 당신께 날아갈 텐데.

ex If I should not succeed, I will try again. 만일 내가 성공하지 못한다면 다

시 시도할 것이다.

ex <u>If I were to be born again</u>, I would never be a sailor. 내가 만일 다시 태어난다면 나는 결코 항해사가 되지 않을 것이다.

4. have to

ex So you <u>have to trust</u> that the dots will somehow connect in your future: 그래서 당신은 그 점들이 당신의 미래에 어떻게든 연결된다는 것을 믿어야 한다.

ex You <u>have to trust</u> in something — your gut, destiny, life, karma, whatever: 당신은 당신의 직감이든, 운명이든, 삶이든, 업장이든 그 무엇이든 믿어야 한다.

ex You <u>have to follow</u> the rules. 너는 법규를 따라야 한다.

ex We <u>have to correct</u> these problems soon or the project will fail. 우리는 곧 이들 문제점들을 수정해야 한다. 그렇지 않으면 그 프로젝트는 실패할 거다.

ex I didn't want to do it but I <u>had to</u>. 나는 원치 않았으나 해야만 했다.

* have to와 같은 뜻으로 got to

ex You've <u>got to</u> stop. 너는 멈추어야 한다.

ex You've <u>got to</u> find what you love. 너는 너가 사랑하는 것을 찾아야 한다.

단어 복습 문제 & 예문 찾기
(다음 단어와 제시된 예문의 뜻은? 자신의 예문도 하나 더 찾아보면 좋겠죠?)

1. commencement

ex   The commencement ceremony is scheduled for Saturday morning.

ex   ....

2. biological mother

ex   My biological mother was a young, unwed college graduate student.

ex   ....

3. relent

ex   Our application was initially refused, but the city relented in the end
and the permit was issued.

ex   ....

4. college tuition

ex   I am afraid that I can't afford the college tuition fees.

ex   ....

5. intuition

ex I had an intuition that something awful was about to happen.

ex ....

6. practical application

ex The technology is at the stage of practical application.

ex ....

7. destiny

ex I believe there's some force guiding us-call it God, destiny or fate.

ex ....

8. approach

ex This approach has never let me down, and it has made all the difference in my life.

ex ....

Viva La Vida_Coldplay

I used to rule the world, Seas would rise when I gave the word
한때 나는 세상을 지배했었지, 바다도 내 말 한마디에 솟아올랐어

Now in the morning I sleep alone, Sweep the streets I used to own
지금은 아침마다 홀로 잠들고 내 것이었던 거리를 쓸고 있지

I used to roll the dice, Feel the fear in my enemy's eyes
한때 나는 주사위를 굴리고 있었어, 적들의 공포를 느낄 수 있었지

Listen as the crowd would sing: "Now the old king is dead! Long live the king!"
군중들의 노랫소리가 들린다. "늙은 왕은 죽었고 새 왕이여 만세!"

One minute I held the key, Next the walls were closed on me
한순간 난 열쇠를 쥐고 있었어. 다음에 좁은 방에 갇혔지

And I discovered that my castles stand, Upon pillars of salt and pillars of sand
그리고 난 알았지. 나의 성은 소금과 모래로 된 기둥 위에 지어졌다는 것을

I hear Jerusalem bells a ringing, Roman Cavalry choirs are singing
예루살렘의 종소리가 울리고 로마기병대의 합창 소리가 들려오네

Be my mirror my sword and shield, My missionaries in a foreign field
나의 거울과 건과 방패가 되어주라, 낯선 땅의 내 선교사들이여

For some reason I can't explain, Once you'd gone there was never, never an honest word
말로 설명할 수 없는 어떤 이유로 네가 저 자리에 앉게 되더라도 진실은 한 글자도 없을 거야

That was when I ruled the world
이건 모두 내가 세상을 지배할 때 이야기라네

Coldplay

Coldplay are a British rock band formed in London in 1996.

Coldplay are considered the most successful band of the 21st century.

In 2013, Coldplay were named the most influential British celebrities in the world by Forbes.

Coldplay were nominated for four awards at the 2009 Brit Awards: British Group, British Live Act, British Single ("Viva La Vida") and British Album (Viva la Vida or Death and All His Friends).

At the 51st Grammy Awards in the same year, Coldplay won three Grammy Awards in the categories for Song of Year for "Viva la Vida," Best Rock Album for Viva la Vida or Death and All His Friends, and Best Vocal Pop Performance by a Duo or Group for "Viva La Vida."

Coldplay donates 10 percent from all of their profits to charity.

Viva la Vida

In 2008, "Viva la Vida" became the first song by a British group to top both UK Singles Chart and Billboard Hot 100 since "Wannabe" by the Spice Girls in 1997.

The song was praised as one of the best songs of the decade by Rolling Stone and BBC America as well.

Its parent album, Viva la Vida or Death and All His Friends, was the best-selling of the decade in the digital download format.

Coldplay's song "Viva La Vida" is an interpretation of King Louis's lost last speech before his death. The song is written through King Louis point of view, as he apologizes to his people, accepting his fate.

Part 2 My second story is about love and loss

1

I was lucky — I found what I loved to do early in life. Woz and I started Apple in my parents' garage when I was 20. We worked hard, and in 10 years Apple had grown from just the two of us in a garage into a $2 billion company with over 4,000 employees.

2

We had just released our finest creation — the Macintosh — a year earlier, and I had just turned 30. And then I got fired. How can you get fired from a company you started? Well, as Apple grew we hired someone who I thought was very talented to run the company with me, and for the first year or so things went well.

3

But then our visions of the future began to diverge and eventually we had a falling out. When we did, our Board of Directors sided with him. So at 30 I was out. And very publicly out. What had been the focus of my entire adult life was gone, and it was devastating.

4

I really didn't know what to do for a few months. I felt that I had let the previous generation of entrepreneurs down — that I had dropped the baton as it was being passed to me. I met with David Packard and Bob Noyce and tried to apologize for screwing up so badly.

5

I was a very public failure, and I even thought about running away from the valley. But something slowly began to dawn on me — I still loved what I did. The turn of events at Apple had not changed that one bit. I had been rejected, but I was still in love. And so I decided to start over.

6

I didn't see it then, but it turned out that getting fired from Apple was the best thing that could have ever happened to me. The heaviness of being successful was replaced by the lightness of being a beginner again, less sure about everything. It freed me to enter one of the most creative periods of my life.

7

During the next five years, I started a company named NeXT, another company named Pixar, and fell in love with an amazing woman who would become my wife. Pixar went on to create the world's first computer animated feature film, Toy Story, and is now the most successful animation studio in the world. In a remarkable turn of events, Apple bought NeXT, I returned to Apple, and the technology we developed at

NeXT is at the heart of Apple's current renaissance. And Laurene and I have a wonderful family together.

8

I'm pretty sure none of this would have happened if I hadn't been fired from Apple. It was awful tasting medicine, but I guess the patient needed it. Sometimes life hits you in the head with a brick. Don't lose faith. I'm convinced that the only thing that kept me going was that I loved what I did.

9

You've got to find what you love. And that is as true for your work as it is for your lovers. Your work is going to fill a large part of your life, and the only way to be truly satisfied is to do what you believe is great work. And the only way to do great work is to love what you do. If you haven't found it yet, keep looking. Don't settle.

10

As with all matters of the heart, you'll know when you find it. And, like any great relationship, it just gets better and better as the years roll on. So keep looking until you find it. Don't settle.

what I loved to do: 내가 하기 좋아하는 것, I still loved what I did. 나는 아직도 내가 한 것을 사랑했다. You've got to find what you love. 너는 네가 사랑하는 것을 찾아야 한다.

early in life: 인생 초반에, early in his career 그의 직업경력 초기에, early in the 17ᵗʰ century 17세기 초반에, early in the morning 아침 일찍

in my parents' garage: 부모님 차고에서, garage sale (자기 집 차고에서 하는) 중고물품세일, a house with a two-car garage 차량 두 대의 주차장을 갖춘 집

had grown from A into B: A에서 B로 성장했다, grow up 성장하다, 장성하다, Why don't you grow up? 철 좀 들어라.

a $2 billion company with over 4,000 employees: 4,000명이 넘는 직원을 가진 20억 달러가치의 회사, billionaire 억만장자, million 100만, millionaire 백만장자

run the company: 회사를 운영하다, 경영하다, company benefits 회사의 복리후생, (급여 외에 받는) 혜택, record company 음반회사, telecom company 통신회사

Things went well: 일이 잘 돌아갔다, go well 순조로이 진행되다, (사업 등이) 흥하다, cf. ~와 잘 어울리다, These strawberries go well with panna cotta. 이 딸기는 패나코타와 잘 어울린다.

began to diverge: (다른 방향으로) 갈라지기 시작했다, diverge 갈라지다, to diverge from the norm 규범을 벗어나다, diverging roads 갈라지는 길

eventually: 결국은, 종래는, (= finally, ultimately, after all, in the end) eventual 궁극적인, 최종적인

fall out (with somebody): 사이가 틀어지다. 의가 상하다, (= quarrel, disagree) cf. fall out (치아, 머리등이) 빠지다

sided with him: 그를 지지했다, (=support) side (동사로) 지지하다, 편들다, side by side 나란히, sidewalk 보도, 인도, alongside ~옆에, 나란히

devastating: 엄청나게 충격적인, be devastated 엄청난 충격을 받은, devastate 완전히 파괴하다(= destroy, destruct), devastation 대대적인 파괴

the previous generation of entrepreneurs: 이전 세대 기업가, entrepreneur (특히 모험적인) 사업가[기업가], emerging entrepreneur 장래가 유망한 기업가

screw up: 일을 엉망으로 만들다, 일을 망치다 (=mess up, make a mess)

getting fired from Apple: Apple로부터 해고당한 것, fire 해고하다, (직장 등에서) 쫓아내다 (= oust, remove, dismiss, expel) the most creative period: 가장 창조적인 시기(단계), creative 창조적인 (= original, inventive, ingenious), creative idea 창의적인 생각

the world's first computer animated feature film: 세계 최초의 컴퓨터 애니메이션, animated 만화영화로 된, animated cartoon 만화영화, animation 만화영화

I'm pretty sure~: 나는 매우 ~라고 확신한다, pretty sure 분명하다, pretty 아주, 꽤 (= fairly, quite), pretty much 거의 완전히, pretty weird 참 이상한

Don't settle: 안주하지 마라, 정착하지 마라, settle (down) 자리를 잡다, 안주하다, 적응하다, 생활의 틀을 잡다, settlement 정착, 안주

It gets better and better: 점점 더 좋아진다, get better (병, 상황 등이) 좋아지다, 호전되다 (= become better, improve), get worse 나빠지다, 악화되다, get better with time 시간이 지나면서 좋아지다(= get better over time).

as the years roll on: 한 해 한 해 지남에 따라, 시간이 지남에 따라 (= as the yoars roll by), roll 구르다, 굴러가다, (종이나 옷감을 말아 놓은) 두루마리

지문 해석

1

저는 운이 좋았습니다. 인생 초반에 제가 사랑하는 일을 찾았습니다. Woz와 저는 제 나이 20살 때 부모님 차고에서 Apple을 시작했습니다. 우리는 열심히 일했고 10년 만에 우리 둘이 차고에서 시작한 Apple은 4,000명이 넘는 직원을 거느린 20억 달러 가치의 회사로 성장하였습니다.

2

일 년 앞서 우리는 우리의 가장 멋진 창작물인 매킨토시 컴퓨터를 막 출시하였습니다. 그리고 저는 서른 살이 되었습니다. 그런데 저는 (회사에서) 해고당했습니다. 어떻게 자신이 시작한 회사에서 쫓겨날 수 있을까요? Apple이 성장하면서 우리는 아주 유능하고 나와 함께 회사를 경영할 사람을 고용하였습니다. 그리고 첫 1년 정도는 일이 잘 돌아갔죠.

3

그러나 우리의 미래에 대한 비전이 달라지기 시작했고 결국 우리는 사이가 틀어지고 말았습니다. 우리 사이가 틀어졌을 때 이사회는 그의 편에 섰습니다. 그래서 서른 살에 저는 쫓겨났습니다. 그것도 아주 공개적으로. 제 인생 전체의 중심이었던 것이 사라졌고 그것은 참으로 충격적이었습니다.

4

저는 처음 몇 달 동안은 무엇을 해야 할지 몰랐습니다. 저는 제게 전해진 바톤을 놓쳐 이전 사업가 세대를 실망시켰다고 느꼈습니다. 저는 David Packard와 Bob Noyce를 만났고 그렇게 일을 망치게 된 것에 대해 사과하려고 노력하였습니다.

5

저는 매우 공공연한 실패자가 되고 말았으며 심지어는 실리콘밸리에서 도망칠까도 생각했습니다. 그러나 무엇인가 점점 떠오르기 시작했습니다. 저는 아직도 제가 한 일을 사랑했습니다. Apple에서의 사건은 그것을 하나도 바꾸지 않았습니다. 저는 배척당했으나 아직도 저는 사랑에 빠져 있었습니다. 그래서 다시 시작했습니다.

6

저는 당시 그것을 알지 못했으나 Apple에서 쫓겨난 것은 제게 일어날 수 있는 가장 좋은 것이었습니다. 성공이란 무거움이 모든 것에 대해 덜 확신하는 초심자의 가벼움으로 대체되었습니다. 그것은 제가 제 일생 중 가장 창조적인 시기로 들어가도록 저를 자유롭게 해주었죠.

7

그 후 5년 동안 저는 NeXT와 Pixar라는 회사를 시작했고 제 와이프가 되어 줄 아주 멋진 여성과 사랑에 빠졌습니다. Pixar는 세계 최초의 컴퓨터 애니메이션 영화 Toy Story를 창조하기 위해 계속 일했고 지금은 세계에서 가장 성공적인 애니메이션 스튜디오가 되었습니다. 이런 놀랄 만한 사건 속에서 Apple은 NeXT를 샀고 NeXT에서 우리가 개발한 기술은 Apple의 현재 르네상스의 중심에 있습니다. Launrene과 저는 함께 멋진 가정을 이루었습니다.

8

만일 제가 Apple에서 쫓겨나지 않았다면 이들 중 어떤 것도 일어날 수 없었음을 확신합니다. 약을 먹는 것은 괴로우나 환자에게는 약이 필요합니다. 가끔 삶이 당신의 머리를 벽돌로 내려칩니다. 신념을 잃지 마세요. 우리를 나아가게 하는 것은 우리가 하는 일을 사랑하는 것이라는 것을 확신합니다.

9

당신이 사랑하는 것을 찾아야 합니다. 그리고 당신이 사랑하는 사람에게 그렇듯 일에서도 마찬가지입니다. 당신의 일은 당신 삶의 많은 부분을 차지할 겁니다. 그리고 진정으로 만족할 수 있는 유일한 방법은 당신이 위대하다고 믿는 일을 하는 것입니다. 위대한 일을 하는 유일한 방법은 당신이 하는 일을 사랑하는 것입니다. 아직도 찾지 못하였다면 계속 찾으세요. 안주하지 마세요.

10

모든 힘을 다해 찾는다면 당신이 그것을 발견하는 순간 알게 될 것입니다. 그리고 모든 좋은 관계가 그렇듯 시간이 지나면서 점점 나아질 겁니다. 그러니 그것을 발견할 때까지 계속 찾으세요. 안주하지 마세요.

Vocabulary & Sentence Pattern

1. what

ex I was lucky – I found <u>what I loved to do</u> early in life. 저는 운이 좋았습니다. 인생 초반에 제가 사랑하는 것을 발견하였습니다.

ex <u>What had been the focus of my entire adult life</u> was gone, and it was devastating. 저의 삶의 중심이 되었던 것이 가버렸고 그것은 실로 충격적이었습니다.

ex I really didn't know <u>what to do</u> for a few months. 나는 몇 달 동안 무엇을 할지 정말 몰랐습니다.

ex I still loved <u>what I did</u>. 나는 아직도 내가 하는 것을 사랑했습니다.

ex You've got to find <u>what you love.</u> 당신은 당신이 사랑하는 것을 찾아야 합니다.

ex I had no idea <u>what I wanted to do</u> with my life and no idea how college was going to help me figure it out. 저는 제 삶에서 무엇을 하길 원하는지 알지 못했고 대학이 그것을 파악하는 데 있어서 어떻게 나를 도울지 알지 못했습니다.

ex Much of <u>what I stumbled into</u> by following my curiosity and intuition turned out to be priceless later on. 저의 호기심과 직관에 따라 우연히 만나게 된 것들 대부분이 나중에는 매우 값진 것으로 나타났다.

ex I learned about <u>what makes great typography great</u>. 나는 무엇이 훌륭한 서체를 만드는지에 대해 배웠다.

ex If today were the last day of my life, would I want to do <u>what I am about to do</u> today? 만일 오늘이 내 삶의 마지막 날이라도 나는 오늘 내가 하려던 것을 하려고 할까?

2. named

ex I started <u>a company named NeXT, another company named Pixar</u>. 넥스트라는 이름의 회사와 픽사라는 이름의 또 다른 회사를 시작했다. (named: ~~라고 이름 붙여진)

ex It was created by <u>a fellow named Stewart Brand</u> not far from here in Menlo Park. 그것은 여기 멘로 파크에서 그리 멀지 않은 곳에서 스튜어트 브랜튼이라는 사람에 의해 창조되었다.

ex Do you have <u>a client named Peters</u>? 당신에게 피터스라는 이름을 가진 고객이 있습니까?

ex They <u>named</u> their son John. 그들은 아들 이름을 존이라고 지었다. (name: ~라고 작명하다)

ex The victim has <u>not yet been named</u>. 그 희생자는 아직 이름이 밝혀지지 않았다.

ex He <u>was named after</u> his father. 그는 아버지의 이름을 따서 이름이 지어졌다. (name after: ~의 이름을 따서 작명하다)

ex The children <u>were all named after</u> saints. 그 아이들은 모두 성인의 이름을 따서 작명을 했다.

3. let (somebody) down

ex I felt that I had <u>let the previous generation of entrepreneurs down</u>. 나는 내가 이전 기업가 세대를 실망시켰다고 느꼈다.

ex Don't <u>let me down</u>. 저를 실망시키지 마세요.

ex She felt that she had <u>let her parents down</u>. 그녀는 그녀의 부모님을 실망시켰다고 느꼈다.

ex I will never <u>let you down</u>, I promise. 결코 당신을 실망시키지 않겠습니다. 약속합니다.

4. public, publicly

ex I was <u>a very public failure</u>, and I even thought about running away from the valley. 저는 아주 공공연한 실패자였고 심지어 밸리에서 도망치려고까지 생각했습니다.

ex I was out, and <u>very publicly out</u>. 저는 아주 공공연히 쫓겨났습니다.

ex We need to rein back <u>public spending</u>. 우리가 공공지출에 고삐를 죌 필요가 있다.

ex <u>Public opinion</u> has polarized on this issue. 이 쟁점을 두고 여론이 양극화 되었다.

ex The excavations are open <u>to the public</u>. 그 발굴지들이 일반인에게 공개된다.

ex His case is unlikely to evoke <u>public sympathy</u>. 그의 사건이 대중의 연민을 자아낼 것 같지는 않다.

ex The brutality of the crime has appalled <u>the public</u>. 그 범행의 잔혹성이 일반 사람들의 간담을 서늘케 했다.

단어 복습 문제 & 예문 찾기

(다음 단어와 제시된 예문의 뜻은? 자신의 예문도 하나 더 찾아보면 좋겠죠?)

1. employee

ex Apple had grown from just the two of us in a garage into a $2billion company with over 4,000employees.

ex ....

2. diverge

ex Our visions of the future began to diverge and eventually we had a falling out.

ex ....

3. devastating

ex What had been the focus of my entire adult life was gone, and it was devastating.

ex ....

4. screw up

ex I met with David Packard and Bob Noyce and tried to apologize for screwing up so badly.

ex ....

5. awful

ex It was awful tasting medicine, but I guess the patient needed it.

ex ....

6. entrepneneur

ex I felt that I had let the previous generation of entrepreneurs down.

ex ....

7. reject

ex I had been rejected, but I was still in love. And so I decided to start over.

ex ....

8. settle

ex If you haven't found it yet, keep looking. Don't settle.

ex ....

Paradise_Coldplay

When she was just a girl, she expected the world
그녀가 어린 소녀였을 때 그녀는 세상을 꿈꾸었지

But it flew away from her reach, So she ran away in her sleep
하지만 그 기대는 닿자마자 사라져 버렸고 그녀는 꿈속으로 달아나 버렸어

Dreamed of para-para-paradise, Para-para-paradise, para-para-paradise
그리고 그곳에서 낙원을 꿈꾸었지

Every time she closed her eyes
그녀가 눈을 감을 때마다

When she was just a girl, she expected the world
그녀가 어린 소녀였을 때 그녀는 세상을 꿈꾸었지

But it flew away from her reach, And the bullets catch in her teeth
하지만 그 기대는 닿자마자 사라져 버렸고 총알이 그녀의 이를 관통하지

Life goes on, it gets so heavy

시간이 흐를수록 삶은 버거워지고

The wheel breaks the butterfly

바퀴는 항상 나비를 짓밟네

Every tear a waterfall

눈물은 폭포가 되어 쏟아지고

In the night the stormy night, she'll close her eyes

폭풍우가 몰아치는 밤이면 그녀는 눈을 감네

In the night the stormy night away, she'd fly

폭풍우가 몰아치는 밤이면 그녀는 날개를 펼치네

Dream of para-para-paradise, Para-para-paradise

그리고 그곳에서 낙원을 꿈꾸지

Chris Martin(Coldplay)

Christopher Anthony John Martin (born 2 March 1977) is an English singer-songwriter and musician.

He is best known as the lead vocalist, pianist, rhythm guitarist and co-founder of the rock band Coldplay.

He had been suffering from tinnitus since his early adult years, although he said that he had noticed the symptoms even as a teenager "while listening to loud music".

As a result, Martin wears specially filtered earplugs or customised in-ear monitors while performing.

Martin has also become an advocate for hearing loss awareness, having partnered with the Royal National Institute for Deaf People.

Paradise

This song represents the attempts by a girl to maintain a child-like innocence in her life by dreaming.

The first verse tells of a young girl who had high expectations; these expectations could be the product of constant attention to fairy tales.

However, evidently the bar was raised too high and the expectations not reached (But it flew away from her reach).

The line 'The bullets catch in her teeth' indicates that in her dreamed-up paradise nothing can hurt her, nothing can go wrong.

The second verse details how she faces difficulties and complications (Life goes on, gets so heavy) and some hardships she faces are enough to break her spirit (The wheel breaks the butterfly).

Part 3 My third story is about death

1

When I was 17, I read a quote that went something like: "If you live each day as if it was your last, someday you'll most certainly be right." It made an impression on me, and since then, for the past 33 years, I have looked in the mirror every morning and asked myself: "If today were the last day of my life, would I want to do what I am about to do today?" And whenever the answer has been "No" for too many days in a row, I know I need to change something.

2

Remembering that I'll be dead soon is the most important tool I've ever encountered to help me make the big choices in life. Because almost everything — all external expectations, all pride, all fear of embarrassment or failure — these things just fall away in the face of death, leaving only what is truly important. Remembering that you are going to die is the best way I know to avoid the trap of thinking you have something to lose. You are already naked. There is no reason not to follow your heart.

3

About a year ago I was diagnosed with cancer. I had a scan at 7:30 in the morning, and it clearly showed a tumor on my pancreas. I didn't even know what a pancreas was. The doctors told me this was almost certainly a type of cancer that is incurable, and that I should expect to live no longer than three to six months.

4

My doctor advised me to go home and get my affairs in order, which is doctor's code for prepare to die. It means to try to tell your kids everything you thought you'd have the next 10 years to tell them in just a few months. It means to make sure everything is buttoned up so that it will be as easy as possible for your family. It means to say your goodbyes.

5

I lived with that diagnosis all day. Later that evening I had a biopsy, where they stuck an endoscope down my throat, through my stomach and into my intestines, put a needle into my pancreas and got a few cells from the tumor.

6

I was sedated, but my wife, who was there, told me that when they viewed the cells under a microscope the doctors started crying because it turned out to be a very rare form of pancreatic cancer that is curable with surgery. I had the surgery and I'm fine now.

7

This was the closest I've been to facing death, and I hope it's the closest I get for a few more decades. Having lived through it, I can now say this to you with a bit more certainty than when death was a useful but purely intellectual concept:

8

No one wants to die. Even people who want to go to heaven don't want to die to get there. And yet death is the destination we all share. No one has ever escaped it. And that is as it should be, because Death is very likely the single best invention of Life. It is Life's change agent.

9

It clears out the old to make way for the new. Right now the new is you, but someday not too long from now, you will gradually become the old and be cleared away. Sorry to be so dramatic, but it is quite true.

10

Your time is limited, so don't waste it living someone else's life. Don't be trapped by dogma — which is living with the results of other people's thinking. Don't let the noise of others' opinions drown out your own inner voice. And most important, have the courage to follow your heart and intuition. They somehow already know what you truly want to become. Everything else is secondary.

11

When I was young, there was an amazing publication called The Whole Earth Catalog, which was one of the bibles of my generation. It was created by a fellow named Stewart Brand not far from here in Menlo Park, and he brought it to life with his poetic touch. This was in the late 1960s, before personal computers and desktop publishing, so it was all made with typewriters, scissors and Polaroid cameras. It was sort of like Google in paperback form, 35 years before Google came along: It was idealistic, and overflowing with neat tools and great notions.

12

Stewart and his team put out several issues of The Whole Earth Catalog, and then when it had run its course, they put out a final issue. It was the mid-1970s, and I was your age. On the back cover of their final issue was a photograph of an early morning country road, the kind you might find yourself hitchhiking on if you were so adventurous. Beneath it were the words: "Stay Hungry. Stay Foolish." It was their farewell message as they signed off. Stay Hungry. Stay Foolish. And I have always wished that for myself. And now, as you graduate to begin anew, I wish that for you.

Stay Hungry. Stay Foolish.

Thank you all very much.

Notes

a quote: 인용구문 (=quotation), a quote that went something like ~, ~와 같이 진행되는 인용구문, Do you have a quote or story you like? 좋아하는 글귀나 명언 있습니까?

as if: 마치 ~인 것처럼, If you live each day as if it was your last 만일 당신이 매일을 마치 당신의 마지막 날인 것처럼 산다면

an impression: 감동, deep impression 깊은 감명, impressive 인상적인, 감명깊은, It made an impression on me. 그것은 나를 감동시켰다, make a good first impression 좋은 첫인상을 주다

in a row: 연속해서, many days in a row 연속하여 여러 날, We got an award two weeks in a row. 우리는 2주 연속 상을 받았다.

encounter: 맞닥들이다, 직면하다, the most important tool I've ever encountered 내가 직면한 가장 중요한 수단(방법), The story describes the extraordinary encounter between a man and a dolphin. 그 이야기는 한 남자와 돌고래 한 마리의 특별한 만남을 묘사하고 있다.

make the big choice in life: 인생에서 중요한 선택을 하다, make a choice 선택을 하다, bad choice 나쁜 선택, good choice 좋은 선택, natural choice 자연스런 (당연한) 선택, It's my choice. 그건 나의 선택이다.

external expectation: 외부의 기대, external 외부의, internal 내부의, external environment 외부 환경, external influence 외부 영향, Many external influences can affect your state of mind. 여러 외부 영향들이 당신의 마음 상태에 영향을 줄 수 있다.

all fear of embarrassment or failure: 모든 실패와 곤란한 상황에 대한 두려움, embarrassment 곤혹, 곤란한 상황, He could feel his face reddening with embarrassment. 그는 당황해서 얼굴이 빨개지는 것을 느낄 수 있었다.

avoid the trap: 함정을 피하다, trap 함정(덫), I realized I'd walked into a trap. 나는 함정에 빠졌음을 깨달았다. Suspecting nothing, he walked right into the trap. 아무것도 의심하지 않고[아무런 의심 없이] 그는 그 함정 속으로 곧장 걸어 들어갔다.

be naked: 발가벗겨진, 벌거숭이의, naked eye 육안, Most stars are not visible to the naked eye. 대부분의 별들은 육안으로 보이지 않는다.

follow your heart: 당신의 가슴을 따르다, (마음 가는 대로 따르다, 직관을 따르다), follow 따르다, If you lead, I'll follow. 네가 앞장서면 내가 따라갈게. Sorry, I don't follow you. 미안하지만 당신의 뜻을 모르겠어, 이해가 안 돼.

be diagnosed with: ~로 진단되다, diagnose 진단하다, misdiagnose 오진하다

tumor: 암, 종양, malignant tumor 악성종양, benign tumor 양성종양, surgically remove a tumor 종양을 절제하다

pancreas: 췌장, pancreatic 췌장의, pancreatic cancer 췌장암

incurable: 치료할 수 없는, curable 치료 가능한

biopsy: 생체(조직) 검사, take(have) a biopsy 생체조직 검사를 하다

an endoscope: 내시경, endoscopy 내시경 검사, have(undergo) endoscopy 내시경 검사를 받다

intestine: 장(창자), large intestine 대장, small intestine 소장, endoscopic examination of large intestine 대장 내시경 검사

be sedated: 진정제를 준, 마취상태, 차분하다, 침착하다, sedate 차분한, 침착한, a sedate country town 조용한 시골 마을, a sedate, sober man 진지하고 침착한 남자

with a bit more certainty: 좀 더 확신 있게, with a certainty 확신을 가지고, certainty 확실한 것, 확실성, certain 확실한, 틀림없는

to make way for the new: 새로운 사람들(신세대) 에게 자리를 내어주기 위해, make way 양보하다, 자리를 내주다, make way (for somebody/ something) (~이 지나가도록) 비켜 주다, (~에게) 자리를 내주다

지문 해석

1

제가 17살 때 저는 다음과 같은 문구를 읽었습니다. "만일 당신이 매일을 마지막 날인 것처럼 산다면 언젠가 확실히 당신이 맞을 겁니다" 그것은 제게 감명을 주었습니다. 그리고 그 이후 지난 33년 동안 매일 아침 거울을 보면서 제 자신에게 물었습니다: "만일 오늘이 내 인생의 마지막 날이라면 오늘 내가 하려고 하는 일을 하길 원할까?" 그리고 그 대답이 연속해서 너무 많은 날들이 "아니다"라고 했을 때 뭔가 변화가 필요하다는 것을 저는 압니다.

2

내가 곧 죽을 거라는 것을 기억하는 것은 인생에서 중요한 결정을 돕는 가장 중요한 수단이었습니다. 왜냐하면 거의 모든 것들 - 모든 외부 기대들, 모든 자부심, 실패나 당혹감의 두려움 - 이 모든 것들은 죽음 앞에서는 진짜로 중요한 것만 남겨두고 그저 떨어져나가 버리기 때문입니다. 당신이 죽을 것이라는 것을 기억하는 것은 뭔가 잃을 것이 있다는 생각의 함정을 피하는, 내가 아는 최고의 방법입니다. 당신은 이미 잃을 것이 없습니다(벌거숭이입니다). 당신의 마음 가는 대로 따라가지 않을 이유가 없죠.

3

1년 전쯤 저는 암 진단을 받았습니다. 저는 아침 7시 반에 검사를 받았습니다. 그리고 제 췌장에 암이 확실하게 보였습니다. 나는 췌장이 뭔지조차 몰랐습니다. 의사들은 내게 치료할 수 없는 암 종류라고 말했고 3개월에서 6개월 정도 살 수 있다고 했습니다.

4

의사는 제게 집에 가서 일들을 정리하라고 했고 그것이 죽음을 준비하는 의사들의 방식이죠. 그것은 당신이 향후 10년간 아이들에게 말하려고 했던 것을 단 몇 달동안 하라는 뜻이었습니다. 그것은 가족들이 좀 더 수월할 수 있도록 모든 것을 잘 마무리해 두라는 뜻이었습니다. 그것은 작별을 고하라는 뜻이었습니다.

5

그 진단은 온종일 제 머릿속에서 떠나질 않았습니다. 그날 늦게 저는 생체조직 검사를 받았는데, 의사들이 제 목 아래로 위와 장까지 내시경을 밀어 넣어 내 췌장에 바늘을 꽂아 암 조직세포를 조금 떼어냈죠.

6

저는 마취상태였고, 그 자리에 있던 제 아내가 의사들이 현미경 아래로 그 세포를 보더니 울기 시작했다고 말해주었는데 그것은 아주 드문, 수술로 치료될 수 있는 희귀한 형태의 췌장암이었기 때문입니다. 저는 수술을 받았고 지금 저는 괜찮습니다.

7

이것은 제가 가장 가까이 죽음에 다가갔던 순간이었고, 앞으로도 몇 십 년 동안 더 가까이 가고 싶지 않습니다. 이런 경험을 해보니 개념적으로만 알고 있던 때보다 죽음이 더 유용하다는 것을 더 확신을 갖고 얘기할 수 있습니다.

8

아무도 죽길 원하지 않습니다. 천국에 가고 싶은 사람도 거기에 가기 위해 죽길 원하지는 않습니다. 그러나 죽음은 우리 모두가 가야 하는 목적지입니다. 아무도 거기서 도망칠 수 없습니다. 그리고 그래야 합니다. 왜냐하면 죽음은 삶의 최고의 발명품이기 때문입니다. 그것은 삶의 변화의 주도자입니다(삶을 변화시키는 요인).

9

그것은 신세대에 자리를 양보하기 위해 구세대를 밀어냅니다. 지금 신세대는 여러분입니다. 그러나 머지않아 여러분도 점점 구세대가 되고 교체될 겁니다. 너무 드라마틱하지만 사실입니다.

10

당신의 시간은 한정되어 있습니다. 그러니 다른 사람의 삶을 살면서 시간을 낭비하지 마세요. 타인의 생각의 결과물에 불과한 '도그마'에 갇히지 마세요. 타인의 견해가 여러분 내면의 목소리를 삼키지 못하게 하세요. 또 가장 중요한 것은 가슴과 영감을 따르는 용기를 내는 것입니다. 이미 여러분의 가슴과 영감은 여러분이 되고자 하는 바를 알고 있습니다. 그 외의 것은 부차적인 것이죠.

11

제가 젊었을 때, '지구백과'라는 놀라운 책이 있었는데, 저희 세대에게는 바이블과 같은 것이었습니다. 여기서 멀지 않은 먼로 파크에 사는 스튜어트 브랜드라는 사람이 쓴 책인데, 시적 감각으로 살아있는 책이었습니다. PC나 전자출판이 존재하기 전인 1960년대 후반이었기 때문에 타자기, 가위, 폴라로이드 카메라로 만들어진 책이었습니다. '구글'이 등장하기 35년 전에 '책으로 된 구글' 같은 거였습니다. 이 책은 이상적이었고 깔끔한 도구와 훌륭한 개념이 넘쳤습니다.

12

스튜어트와 그의 팀은 몇 번의 개정판을 내놓았고, 수명이 다할 때쯤 최종판을 내놓았습니다. 그 때가 70년대 중반, 제가 여러분 나이 때였죠. 최종판의 뒤쪽 표지에는 이른 아침 시골길 사진이 있었는데, 당신이 도전적인 사람이라면 히치하이킹할 만한 그런 풍경이었습니다. 그 사진 밑에는 이런 말이 있었습니다. "배고픈 채로 있어라(항상 갈망하라), 바보인 채로 있어라(우직하게 나아가라)" 그것이 그들의 작별 인사였습니다. 제 자신에게도 항상 그러길 바랬습니다. 그리고 지금 새로운 시작을 위해 졸업을 하는 여러분에게 같은 바람을 가집니다.

항상 갈망하라, 우직하게 나아가라.

여러분 모두 감사합니다.

Vocabulary & Sentence Pattern

1. as if

ex If you live each day <u>as if</u> it was your last, someday you'll most certainly be right. 만일 당신이 매일을 마지막 날인 것처럼 산다면 언젠가 확실히 당신이 맞을 겁니다.

ex <u>as if</u> by magic 신기하게도, 마법같이

ex <u>As if</u> time is suspended 시간이 멈춰진 듯이

ex <u>As if</u> my hair was set on fire 부리나케, 눈썹이 휘날리게

ex Noise proves nothing. Often a hen who has merely laid an egg cackles <u>as if</u> she laid an asteroid. 시끌벅적 야단법석은 1도 증명하는 게 없어. 암탉이 고작 달걀 한 개 낳아 놓고선 마치 소행성이라도 낳은 것처럼 꼬꼬댁거리잖나?

ex I felt <u>as if</u> my heart had stopped. 나는 심장이 멎는 것 같았다.

ex Her head felt <u>as if</u> it would burst. 그녀는 머리가 터질 것 같았다.

ex She looked <u>as if</u> she wanted to ask one more question before we left. 그녀는 우리가 떠나기 전 질문 하나를 더 하려는 듯 보였다.

2. get

ex My doctor advised me to go home and <u>get my affairs in order</u>, which is doctor's code for prepare to die. 의사는 제게 집에 가서 제 일들을 정리하라 했고 그것은 죽음을 준비하는 의사들의 방식이죠.

ex I need to <u>get the annual expenditure report completed</u> for Mr.

Tomlinson. 나는 톰린슨 씨를 위한 연간 경비 보고서를 끝내야만 한다.

ex I need to <u>get to Hanson Vision Center</u>. 나는 한센 비전 센터에 가야 한다.

ex Will I still have time to <u>get there</u> from here? 여기서 거기까지 갈 시간이 아직 있을까?

ex Call me when you <u>get this message</u> so we can set up a time to meet. 이 메시지 받으면 전화 주세요. 그래야 우리가 만날 시간을 정할 테니.

ex You won't <u>get rich</u>, but you have fun and make some extra cash for clothes and school supplies. 부자가 되진 않겠지만 재미도 있고 학용품과 옷 등을 살 돈도 벌 수 있다.

ex Skin starts to sag as you <u>get older</u>. 나이가 들면 피부가 축 늘어지기 시작한다.

ex You need to <u>get some rest</u>. 너 좀 쉬어야 해.

ex You can get <u>some ideas</u> from these books. 이 책들에서 아이디어를 좀 얻을 수 있을 거다.

3. stay

ex <u>Stay hungry</u>, <u>stay foolish</u>. 배고픈 채로 있어라(항상 갈망하라), 바보로 있어라(우직하게 나아가라)

ex <u>Stay close</u> behind me. 내 뒤에 바짝 붙어있어.

ex <u>Stay as long as</u> you like. 있고 싶은 만큼 오래 있어.

ex <u>Stay away from</u> crowed place. 복잡한 장소를 피해라.

ex I want you to <u>stay away from</u> my daughter. 내 딸에게 접근하지 않기를 바래.

ex If I were you, pal, I'd <u>stay away from</u> her! 내가 자네라면 그녀 가까이 가지 않겠어!

ex <u>Stay away from</u> wicked people. 악한 사람들로부터 떨어져 있어라.

ex The selfishness inside him made other people <u>stay away from</u> him. 그 사람의 이기심이 다른 사람들이 그를 멀리하게끔 만들었다.

4. drown out

ex Don't let the noise of others' opinions <u>drown out</u> your own inner voice. 다른 사람들의 의견이 너 자신의 내면의 목소리를 삼켜버리게 하지 마라.

ex When the sharpest words wanna cut me down, I'm ganna send a flood, gonna <u>drown them out</u>. 날카로운 얘기가 나를 난도질할 때 나는 그 얘기들을 삼켜버릴 홍수를 보내버릴 거다. (위대한 쇼맨, This is me 가사 중)

ex She turned up the radio <u>to drown out the noise</u> from next door. 그녀는 옆집에서 나는 소음이 안 들리게 하려고 라디오 소리를 키웠다.

ex Music also can help if it serves to <u>drown out background noise</u>. 주위 배경의 소음을 줄일 수 있다면, 음악도 도움이 된다.

ex We have trained ourselves to <u>drown out our thoughts in music</u>, television series, movies, or games the minute we enter our homes. 우리는 우리가 집에 들어가는 순간 스스로를 음악, 텔레비전 시리즈, 영화, 게임에 빠지게 해서 다른 생각을 하지 못하도록 훈련시켜왔다.

단어 복습 문제 & 예문 찾기

(다음 단어와 제시된 예문의 뜻은? 자신의 예문도 하나 더 찾아보면 좋겠죠?)

1. impression

   ex That quote made an impression on me.

   ex ....

2. embarrassment

   ex All fear of embarrassment or failure – these things just fall away in the face of death.

   ex ....

3. incurable

   ex The doctors told me this was almost certainly a type of cancer that is incurable.

   ex ....

4. biopsy

   ex Later that evening I had a biopsy.

   ex ....

5. invention

ex Death is very likely the single best invention of Life.

ex ....

6. drown out

ex Don't let the noise of others' opinions drown out your own inner voice.

ex ....

7. neat

ex It was idealistic, and overflowing with neat tools and great notions.

ex ....

8. final issue

ex On the back cover of their final issue was a photograph of an early morning country road.

ex ....

A Hard Rain Is Gonna Fall_Bob Dylan

Oh, where have you been, my blue-eyed son?
오, 어디에 있었니, 내 푸른 눈의 아이야

And where have you been, my darling young one?
어디에 있었니, 내 사랑하는 어린애야

I've stumbled on the side of twelve misty mountains
나는 열두 개의 안개 낀 산을 비틀대며 지났다

I've walked and I've crawled on six crooked highways
나는 여섯 개의 구부러진 도로 위를 걸었고 기었다

I've stepped in the middle of seven sad forests
나는 일곱 개의 슬픈 숲의 중앙으로 들어섰다

I've been out in front of a dozen dead oceans
나는 열두 군데의 죽은 바다 앞으로 나아갔다

I've been ten thousand miles in the mouth of a graveyard
나는 공동묘지의 입구에서 일만 마일을 다녀왔다

And it's a hard, and it's a hard, It's a hard rain's a-going to fall
그리고 이제 거센, 이제 거센 비가 내릴 것 같다.

Oh, what did you see, my blue-eyed son?
오, 무엇을 보았니, 내 푸른 눈의 아이야

And what did you see, my darling young one?
무엇을 보았니, 내 사랑하는 어린애야

I saw a newborn baby with wild wolves all around it
나는 갓난아기와 그 사방에 있는 야생 늑대들을 봤다

I saw a highway of diamonds with nobody on it
다이아몬드의 도로와 그 위에 아무도 없는 걸 봤어요

I saw a black branch with blood that kept dripping
검은 나뭇가지에서 핏방울이 떨어지는 걸 봤다

Bob Dylan

Bob Dylan (born 24 May 1941) is an American singer-songwriter. Often regarded as one of the greatest songwriters of all time.

Much of his most celebrated work dates from the 1960s, when songs such as "Blowin' in the Wind" (1963) and "The Times They Are a-Changin'" (1964) became anthems for the civil rights and antiwar movements.

His lyrics during this period incorporated a range of political, social, philosophical, and literary influences, defying pop music conventions and appealing to the burgeoning counterculture.

Since 1994, Dylan has published eight books of drawings and paintings, and his work has been exhibited in major art galleries.

He has sold more than 125 million records, making him one of the best-selling musicians of all time.

In 2016, Dylan was awarded the Nobel Prize in Literature "for having created new poetic expressions within the great American song tradition."

A Hard Rain Is Gonna Fall

"A Hard Rain's a-Gonna Fall" is a song written by American musician and Nobel Laureate Bob Dylan in the summer of 1962 and recorded later that year for his second album.

Dylan originally wrote "A Hard Rain's a-Gonna Fall" in the form of a poem. The motivation and inspiration for this song was the Cuban Missile Crisis of 1962. And with nuclear war looming, it excoriates those people and institutions that not only allow war to happen but also profit from it.

Chapter
02

People in Pakistan Called Me
the 'Iron Lady' of Pakistan
_Muniba Mazari

Muniba Mazari는 1987년 3월 3일 출생하였고 미술가, 앵커, 모델, 가수, 인권행동가, 동기부여 연설가 등 다양한 활동을 하고 있으며 UN 여성 인권대사로도 활동하고 있다.

18살에 학업을 마치기도 전에 부모의 권유로 파키스탄 공군 비행사 Khurram Shahzad와 결혼하였으나 2008년 남편과 함께 타고 가던 자동차가 전복되는 교통사고를 당했다. 남편은 별 부상을 입지 않았으나 무니바는 온 몸이 부서졌고 하반신은 마비되었다. 또한 하반신 마비로 아이를 갖을 수 없게 되자 남편으로부터 2015년 이혼당해야 했다. 그러나 무니바 마자리는 엄청난 긍정심과 감사함으로 이 같은 자신의 고통과 절망을 이겨냈고 화가로 동기부여 연설가로 왕성하게 활동하고 있으며 아이를 입양하여 키우고 있다. 2015년에 세계 100대 여성에 선정되었고 2016년에는 포브스의 '30 under 30'에 선정되었다.

"What doesn't kill you makes you stronger."

Muniba Mazari의 연설을 들으면서 머릿속에 떠오른 문장이다. 자신에게 닥친 불행을 멋지게 디딤돌로 활용해버린 아름답고 감동적인 이야기. 내 자녀에게, 내가 가르치는 학생들에게 꼭 들려주고 싶은, 마음 따뜻해지는 이야기이다.

Part 1 Accident

1

I'm running short of words right now, but I cannot afford this because I have to speak. Thank you so much for all the love, for all the warmth. Thank you all for accepting me. Thank you very much.

2

Well, I always start my talk with a disclaimer. And that disclaimer is that I have never claimed to be a motivational speaker. Yes, I do speak. But I feel more like a storyteller, because wherever I go, I share a story with everyone.

3

Well, it is a story of a woman whose perfectly imperfect life made her who and what she is today. It's the story of a woman who in pursuit of her dreams and aspirations made other people realize that if you think that your life is hard and you're giving up on that, because you think your life is unfair, think again. Because when you think that way, you are being unfair to your own self.

4

It's the story of a woman who made people realize that sometimes problems are not too big; we are too small, because we cannot handle them. It is the story of a woman who with time realized the real happiness doesn't lie in success, money, fame; it lies within. Real happiness lies in gratitude. So I am here and I'm going to share the story of that woman. That is my story — the story of gratitude.

5

I believe in the power of words. Many people speak before they think. But I know the value of words. Words can make you, break you, they can heal your soul, they can damage you forever. So I always try to use the positive words in my life wherever I go.

6

They call it adversity, I call it opportunity. They call it weakness, I call it strength. They call me disabled, I call myself differently abled. They see my disability. I see my ability.

7

There are some incidents that happened in your life. And those incidents are so strong that they change your DNA. Those incidents or accidents are so strong that they break you physically. They deform your body but they transform your soul.

8

Those incidents break you, deform you but they mold you into the best version of you. And the same thing happened to me. And I am going to share what exactly happened to me.

9

I was 18 years old when I got married. I belong to a very conservative family, a Baloch family where good daughters never say "NO" to their parents. My father wanted me to get married and all I said was if that makes you happy, I will say "YES." And of course, it was never a happy marriage.

10

Just about after 2 years of getting married, about 9 years ago, I met a car accident. Somehow my husband fell asleep and the car fell into ditch. He managed to jump out, saved himself. I am happy for him. But I stayed inside the car and I sustained a lot of injuries. The list is a bit long; don't get scared. I am perfectly fine now.

11

My right arm was fractured, the wrist was fractured, shoulder bone and collarbone were fractured. My whole rib cage got fractured. And because of the rib cage injury, lungs and liver were badly injured. I couldn't breathe. I lost urine and bowl control. That's why I have to wear the bag wherever I go.

12

But that injury, that changed me and my life completely as a person, and my perception towards living my life was the spine injury. My pre-vertebrae of my backbone were completely crushed. And I got paralyzed for the rest of my life.

13

So this accident took place in a far-flung area, in the outskirts of a very small province Balochistan where there was no first aid, no hospital, no ambulance. I was in the middle of nowhere in that toppled car. Many people came to rescue. They gave me CPR. They dragged me out of the car. And while they were dragging me out, I got the complete transaction of my spinal cord.

14

And now there was this debate going on, should we keep it here, she is going to die, or where should we go, there is no ambulance. There was this four-wheeler jeep standing in the corner of the street. They said, "Put her in the back of the jeep and take her to the hospital which is 3 hours away from this place."

15

And I still remember that bumpy ride. I was all broken. They threw me at the back of the jeep and they rushed me to the hospital. That is where I realized that my half body was fractured and half was paralyzed.

I finally ended up in a hospital where I stayed for two and half months. I underwent multiple surgeries. Doctors have put a lot of titanium in my arm and there was a lot of titanium at my back to fix my back. That's why people in Pakistan called me the 'Iron Lady' of Pakistan.

run short of ~: ~이 부족하다, I'm running short of words right now. 지금 나는 할 말을 잃어가고 있다. We're running short of fuel. 우리는 연료가 떨어져가고 있다. Nothing short of miracle 기적이라고 하기에 부족함이 없는, 즉 기적이다.

not afford: ~할 여력이 없다, ~할 형편이 안 되다, I cannot afford (having) a car. 차를 가질 형편이 안 된다. afford (…을 살·할·금전적·시간적) 여유[형편]가 되다, We'll be able to afford a house next year. 내년에는 집을 살 수 있을 거다.

disclaimer: 부인, 권리포기, 고지사항, I always start my talk with a disclaimer. 나는 언제나 하나의 부인(고지)으로 내 얘기를 시작한다. Click the link to read the disclaimer. 고지사항을 읽어보려면 링크를 클릭하십시오.

claim: 주장하다, 요구하다, I have never claimed to be a motivational speaker. 나는 동기부여 연설가라고 주장한 적이 없다. U.S. president Donald Trump recently claimed that if his Democratic rival Joe Biden wins this November's presidential election, China will "own" the United Staes and Americans will have to learn to speak Chinese. (from CNN 20년 8월 25일)

perfectly imperfect life: 완전히 불완전한, Her perfectly imperfect life made her who she is today. 그녀의 완전히 불완전한 삶이 오늘의 그녀가 되게 했다.

in pursuit of: ~를 추구하여, ~를 쫓아, in pursuit of her dreams and aspirations 그녀의 꿈과 야망을 쫓아서

gratitude: 고마움, 감사 ⇔ ingratitude, Real happiness lies in gratitude. 진정한 행복은 감사함에 있다. Please accept this small gift as a token of our gratitude. 이 작은 선물을 저희가 드리는 감사의 표시로 받아 주세요.

adversity: 역경, They call it adversity, I call it opportunity. 그들은 그것을 역경이라고 말하고 나는 그것을 기회라고 말한다. Adversity does teach who your real friends are. 역경은 누가 진정한 친구인지 가르쳐준다.

deform: 변형시키다, 기형으로 만들다, deformity 기형, Those accidents deform your body but they transform your soul. 그 사고는 당신의 신체를 망가트렸지만 당신의 영혼을 변화시켰다. Sitting badly for long periods of time can deform your spine. 오랜 기간에 걸쳐 나쁜 자세로 앉아 있으면 척추가 흉하게 변형될 수 있다.

mold: (부드러운 재료를 단단히 다지거나 틀에 넣어) 만들다, 주조하다, Those accidents mold you into the best version of you. 그 사고는 당신을 가장 멋진 형태로 만들었다. mold one's own destiny 자신의 운명을 스스로 만들다

a very conservative family: 매우 보수적인 가정, Her style of dress was never conservative. 그녀의 의상 스타일은 결코 보수적이지 않았다.

fell into ditch: 도랑으로 빠지다. The car ran off the road into a ditch. 그 차가 도로를 벗어나서 도랑에 처박혔다.

sustained a lot injuries: 많은 부상을 입다, sustain (필요한 것을 제공하여) 살아가게 하다, 계속[지속]시키다 (=maintain), (피해 등을) 입다[당하다] (=suffer), to sustain damage/an injury/a defeat 손상/부상을 입다/패배를 당하다

shoulder bone: 어깨뼈, 견갑골

collar bone: 쇄골

rib cage: 갈비뼈

urine and bowl control: 대소변 조절, I lost urine and bowl control. 나는 대소변 조절력을 상실했다.

perception towards living my life: 내 삶에 대한 자각, perception 지각, 자각, 통찰력, She showed great perception in her assessment of the family situation. 그녀는 그 가족이 처한 상황을 평가하는 데 있어서 대단한 통찰력을 보였다.

spine injury: 척추 손상

far-flung area: outskirt, 변두리, 멀리 떨어진, This accident took place in a far-flung area. 이 사고는 변두리 지역에서 일어났다.

지문 해석

1

저는 지금 할 말을 잃어가고 있어요. 하지만 그럴 수는 없죠. 이야기를 해야 하니까요. 이 모든 사랑에 감사드리고 따뜻함에 감사드립니다. 여러분 모두 저를 받아들여주셔서 정말 감사합니다.

2

저는 언제나 하나의 부인으로 제 이야기를 시작합니다. 그리고 그 부인은 저는 결코 동기부여 연설가가 될 것이라고 한 적이 없다는 것입니다. 네, 저는 연설을 합니다. 그러나 저는 어디를 가나 사람들과 이야기를 함께 나누기 때문에 (연설이라기보다는) 이야기꾼에 더 가깝다고 느낍니다.

3

이 이야기는 완벽하게 불완전한 한 여자가 그녀를 오늘날의 그녀로 만든 이야기입니다. 이 이야기는 꿈과 열망을 쫓는 한 여자가 다른 이들로 하여금 삶이 힘들어 불공평하다고 느껴 삶을 포기하려고 한다면 다시 생각할 것을 인식하게 하는 이야기입니다. 왜냐하면 당신이 만일 그렇게 생각한다면 당신은 당신의 삶에 대해 불공평하기 때문입니다.

4

이 이야기는 사람들로 하여금 때로는 문제가 그리 크지 않음을 깨닫게 하는 이야기입니다. 즉, 우리가 너무 작아 문제를 해결하지 못하는 것이죠. 이 이야기는 시간이 지나면서 진정한 행복은 성공, 돈, 명예 등에 있지 않음을 깨닫는 이야기입니다. 그것은 내면에 있습니다. 진정한 행복은 감사함에 있습니다. 그래서 저는 그 이야기를 여러분과 함께 나누려고 여기에 있습니다. 그 이야기는 제 이야기이며 감사함에 대한 이야기입니다.

5

저는 말의 힘을 믿습니다. 많은 사람들은 생각하기 전에 말을 합니다. 그러나 저는 말의 가치를 알고 있습니다. 말은 당신을 만들 수도 있고 부서트릴 수도 있으며 당신의 영혼을 치유할 수도 있고 당신에게 영원히 상처를 줄 수도 있습니다. 그래서 저는 언제나 어디를 가거나 긍정적인 말을 쓰려고 노력합니다.

6

사람들이 어떤 것을 역경이라고 할 때, 저는 기회라고 합니다. 사람들이 약점이라고 할 때 저는 강함이라고 합니다. 사람들이 제게 장애를 가졌다고 할 때 저는 사람들과 다른 능력을 가졌다고 합니다. 그들이 저의 장애를 볼 때 저는 저의 능력을 봅니다.

7

당신의 삶에서 사건, 사고가 일어납니다. 그리고 그 사건들은 너무도 강렬해서 당신의 DNA를 바꿉니다. 그 사건, 사고들은 너무도 치명적이어서 당신을 신체적으로 부서트립니다. 그것들이 당신의 신체를 망가트리지만 당신의 영혼을 바꿔 놓기도 합니다.

8

그러한 사건들이 당신을 부서트리고 망가트리지만 당신을 가장 좋은 형태로. 만들어 놓습니다. 그 같은 일이 제게 일어났습니다. 그리고 지금 저는 제게 일어났던 바로 그 이야기를 함께 나누려고 합니다.

9

제가 결혼할 때 저는 18살이었습니다. 저는 착한 딸은 부모님께 절대로 '아니오'라는 말을 하지 않는 매우 보수적인 Baloch 가문의 딸이었습니다. 저의 아버지는 제가 결혼하길 원했고 제 결혼이 아버지를 행복하게 한다면 그러겠다고 했습니다. 그리고 그 결혼은 결코 행복하지 않았습니다.

10

9년 전, 결혼 후 2년 정도 지났을 때, 자동차 사고가 났습니다. 어쩌다가 제 남편은 잠들어버렸고 자동차는 배수로에 빠졌습니다. 제 남편은 간신히 빠져나와 자신을 구했습니다. 다행이었죠. 그러나 저는 자동차 안에 갇혔고 많은 부상을 입었습니다. 다친 목록은 아주 길었죠. 놀라지 마세요, 지금은 완전히 괜찮으니까요.

11

오른쪽 팔과 손목, 어깨뼈, 그리고 쇄골, 갈비뼈 전체가 부서졌고 갈비뼈 손상으로 폐와 간이 심하게 손상을 입었습니다. 저는 숨을 쉴 수 없었습니다. 저는 소변과 대변을 가릴 수 없게 되었고 그래서 어디를 가든 이 백을 지녀야 합니다.

12

그러나 한 인간으로서 나와 내 삶을 완전히 바꾸고 내 삶에 대한 나의 인식을 완전히 바꾼 것은 척추 손상이었습니다. 제 척추 신경총은 완전히 부서졌고 내 남은 평생 동안 (척추가) 마비된 채 살아야 했습니다.

13

이 사고는 응급처치, 병원, 앰뷸런스 등이 전혀 없는 먼 변두리에서 일어났고 저는 전복된 자동차 안에 있었습니다. 많은 사람들이 구조하러 왔고 제게 CPR을 했죠. 그들은 저를 차에서 끌어냈습니다. 그리고 그들이 저를 끌어내는 동안 제 척추는 완전히 뒤틀렸습니다.

14

그리고 이젠 토론이 이어졌는데 만일 이대로 있으면 이 여자는 죽을 것이다, 그러나 어디로 데려가려 한다면 앰뷸런스가 없다면서... 길모퉁이에 사륜구동 집프가 있었는데, 사람들은 '집프 뒤에 이 여자를 싣고 여기서 3시간 거리에 있는 병원으로 데리고 가자'고 말했습니다.

15

저는 지금도 그 덜컹거리는 탑승을 기억하고 있습니다. 저는 완전히 부서졌습니다. 사람들은 저를 집프 뒤에 던져 놓고 서둘러 병원으로 갔죠. 그리고 저는 그곳에서 제 몸의 반은 부서졌고 반은 마비되었다는 것을 알았습니다.

16

결국 저는 병원에서 두 달 반을 있었고 여러 번의 수술을 겪었습니다. 의사들은 제 팔에 티타늄을 박았고 제 등뼈를 고정시키기 위해 여러 개의 티타늄을 등에도 박았습니다. 그래서 파키스탄에서는 저를 '파키스탄의 철의 여인'이라고 합니다.

Vocabulary & Sentence Pattern

1. lie in

ex It is the story of a women who with time realized the real happiness doesn't <u>lie in success, money, fame</u>. 그것은 시간이 지나면서 진정한 행복은 성공, 돈, 인기에 있지 않다는 것을 알게 된 한 여성에 대한 이야기입니다.

ex Real happiness <u>lies in gratitude</u>. 진정한 행복은 감사함에 있습니다.

ex My strengths <u>lie in my interpersonal skills and my persuasion skills</u>. 저의 장점은 대인관계와 설득력에 있습니다.

ex The very spring and root of honesty and virtue <u>lie in good education</u>. 정직과 미덕의 샘이자 근원은 훌륭한 교육에 있다.

2. believe in

ex I <u>believe in the power of words</u>. Words can make you, they can heal your soul, they can damage you forever. 나는 말의 힘을 믿는다. 말은 당신을 만들 수도 있고, 당신의 영혼을 치유할 수도 있고 당신을 영원히 망가트릴 수도 있다.

ex I <u>believe in the power of habits</u>. 나는 습관의 힘을 믿는다.

ex <u>Believe in youeself</u>. 너 자신을 믿어라.

ex Do you <u>believe in magic</u>? 마법을 믿나요?

ex I <u>believe in the power of prayer</u>. 나는 기도의 힘을 믿는다.

ex Do you <u>believe in aliens</u>? 외계인을 믿나요?

ex They <u>believe in susperstitions</u>. 그들은 미신을 믿는다.

3. in pursuit of, pursue

ex   It's the story of a woman who <u>in pursuit of her dreams and aspirations</u>. 그것은 꿈과 야망을 쫓는 한 여성의 이야기이다.

ex   Everybody has the right to <u>pursue of their own dreams</u>. 모든 이들은 각자의 꿈을 추구할 권리가 있다.

ex   She travelled the world <u>in pursuit of her dreams</u>. 그녀는 자신의 꿈을 좇아 세계를 여행했다.

ex   They are prepared to use violence <u>in pursuit of their ends</u>. 그들은 자신들의 목적을 위해서라면 폭력도 불사할 각오가 되어 있다.

ex   The dog is <u>in pursuit of the cat</u>. 개는 고양이를 쫓고 있다.

ex   Three police vehicles are <u>in pursuit of the getaway car</u>. 경찰차 세 대가 도주 차량을 추적하고 있다.

4. get

ex   I was 18 years old when I <u>got married</u>. 나는 18살에 결혼했다.

ex   My father wanted me to <u>get married</u> and all I said was if that makes you happy, I will say 'YES.' 아버지는 내가 결혼하길 원하셨고 그것이 아버지를 기쁘게 한다면 그러겠다고 대답했다.

ex   Don't <u>get scared</u>. I am perfectly fine now. 겁먹지 마세요. 저는 지금 완벽하게 좋아요.

ex   My whole rib cage <u>got fractured</u>. 나의 흉곽 전체가 부서졌다.

ex   I <u>got paralyzed</u> for the rest of my life. 나는 내 나머지 인생 동안 마비되었다.

ex   I <u>got the complete transaction</u> of my spinal cord. 내 척추는 완전히 뒤틀렸다.

ex   People are scared that they think I will <u>get divorced</u>. 사람들은 내가 이혼당할 거라 생각했다.

5. make

ex Her perfectly imperfect life <u>made her who and what she is today</u>. 그녀의 완벽하게 불완전한 삶이 오늘의 그녀를 만들었다.

ex My parents' sacrifice <u>made me who and what I am today</u>. 나의 부모님의 희생이 오늘의 나를 만들었다.

ex She <u>made people realize</u> that sometimes problems are not too big. 그녀는 때때로 문제들이 그리 크지 않다고 인식하게 만들었다.

ex Words <u>can make you</u>, break you, they can heal your soul. 말은 당신을 만들 수도 있고 부서트릴 수도 있고 또 당신의 영혼을 치유할 수도 있다.

ex The tablets may <u>make you feel drowsy</u>. 그 약은 사람을 졸리게 만들 수 있다.

ex <u>Make sure</u> the ropes are securely fastened. 밧줄이 안전하게 묶여졌는지 확인해라.

ex <u>Make sure</u> the edges are glued down. 가장자리 부분은 꼭 접착제로 단단히 붙여라.

단어 복습 문제 & 예문 찾기

(다음 단어와 제시된 예문의 뜻은? 자신의 예문도 하나 더 찾아보면 좋겠죠?)

1. motivational speaker

  ex   I have never claimed to be a motivational speaker.

  ex   ....

2. in pursuit of

  ex   This is a story of a woman who in pursuit of her dreams and aspirations.

  ex   ....

3. gratitude

  ex   Real happiness lies in gratitude.

  ex   ....

4. mold

  ex   Those incidents mold you into the best version of you.

  ex   ....

5. paralize

ex I got paralyzed for the rest of my life.

ex ....

6. debate

ex There was this debate going on, should we keep it here, she is going to die, or where should we go, there is no ambulance.

ex ....

7. end up

ex I finally ended up in a hospital where I stayed two and half months.

ex ....

8. fracture

ex I realized that my half body was fractured and half was paralized.

ex ....

refresh with pop song

Candle In The Wind - Elton John

Goodbye England's rose
잘가요, 영국의 장미여

May you ever grow in our hearts
당신이 우리 가슴에 영원히 남아있기를 바랍니다

You were the grace that placed itself, Where lives were torn apart
당신은 생명이 갈갈이 찢어진 곳에 함께 있어준 우아함 그 자체였습니다

You called out to our country, And you whispered to those in pain
당신은 국민들을 한데 모아 힘없는 자들의 고통을 들어주었죠

Now you belong to heaven, And the stars spell out your name
이제 당신은 천국에 있고, 저 별들이 당신의 이름을 적고 있어요

And it seems to me you lived your life
당신은 당신의 삶을 산 것 같아요

Like a candle in the wind
마치 저 바람 속에 타오르는 촛불처럼

Never fading with the sunset, When the rain set in
비가 쏟아 부을 때도 절대로 일몰과 함께 사라지지 않았습니다

And your footsteps will always fall here,
당신의 발자취는 항상 여기에 머물 겁니다

Along England's greenest hills
영국의 가장 푸른 언덕을 따라서

Your candles burned out long before, Your legend ever will
당신의 초는 오래전에 타버렸지만, 당신은 영원히 전설로 남을 겁니다

Elton John

Sir Elton Hercules John CH CBE (born 25 March 1947) is a British singer, pianist, composer, and philanthropist.

Commonly nicknamed the "Rocket Man" after his 1972 hit single of the same name, John has led a commercially successful career as a solo artist since the 1970s.

John is acclaimed by critics and musicians, particularly for his work during the 1970s, and his lasting impact on the music industry. John's music and showmanship have had a significant impact on popular music.

His songwriting partnership with Taupin is one of the most successful in history.

John is well known for his philanthropic efforts, being involved in charity fundraising events since 1986.

In 1992, after losing two friends (HIV/AIDS spokesperson Ryan White and fellow musician Freddie Mercury) to HIV/AIDS in the span of a year, John founded the Elton John AIDS Foundation, an organization which has raised over $600 million to support HIV-related programs in 55 countries.

John was recognised for his services to charity twice, receiving a knighthood from Queen Elizabeth II in 1998 and being appointed a member of the Order of the Companions of Honour by Prince Charles in 2020.

Candle In The Wind (Princess Diana Tribute Lyrics)

Having been close to the royal family for some years, Elton was deemed a natural choice to pay tribute to Diana in front of the entire nation. It was in fact Sir Richard Branson, with the blessing of the Spencer family, who approached Elton with the idea of re-writing the lyrics of his 1973 song 'Candle In The Wind.'

Part 2 Rebirth

1

Sometimes I wonder how easy it is for me to describe all this all over again. And somebody has rightly said that when you share your story and it doesn't make you cry, that means you are healed. Those two and half months in the hospital were dreadful. I will not make up stories just to inspire you. I was at the verge of despair.

2

One day doctor came to me, and he said, "Well, I heard that you wanted to be an artist, but you ended up being a housewife. I have a bad news for you. You won't be able to paint again, because your wrist and arm are so deformed you won't be able to hold the pen again." And I stayed quiet. Next day, doctor came to me and said, "Your spine injury is so bad you won't be able to walk again." I took a deep breath. And I said, it's all right.

3

Next day doctor came and said, "Because of your spine injury and the fixation that you have in your back, you won't be able to give birth to a child again." That day, I was devastated. I still remember, I asked my mother, why me, and that is where I started to question my existence: Why am I even alive? What's the point of living? I cannot walk, I cannot paint, fine. I cannot be a mother and we have this thing in our head being women that we are incomplete without having children. I am going to be an incomplete woman for the rest of my life. What's the point?

4

People are scared that they think I will get divorced. What is going to happen to me? Why me? Why am I alive? We all try to chase this tunnel. We all do this. Because we see light in the end of the tunnel which keeps us going.

5

My dear friends, in my situation, there was a tunnel that I had to roll on but there was no light. And that is where I realized that words have the power to heal the soul. My mother said to me, "This too shall pass. God has a greater plan for you. I don't know what it is. But he surely has." And in all that distress and grief, somehow or the other, those words were so magical that they kept me going.

6

I was trying to put that smile on my face all the time, was hiding. It was so hard to hide the pain which was there. But all I knew was that if I will give up, my mother and my brothers will give up too. I cannot see them crying with me.

7

So what kept me going was, one day I asked my brothers, I know, I have a deformed hand but I am tired of looking at these white walls in the hospital and wearing these white scraps. I am getting tired of this. I want to add more colors to my life. I want to do something. Bring me some colors, bring me some small candles; I want to paint.

8

So the very first painting I made was on my deathbed where I painted for the very first time. It was not just an art piece or just my passion. It was my therapy. What an amazing therapy it was. Without uttering a single word, I could paint my heart out. I could share my story.

9

People used to come and say, "What a lovely painting!" So much color, nobody see the grief in it. Only I could. So that's how I spent my two and half months in my hospital, crying never complaining or whining but painting. And then I was discharged. And I went back home.

10

And I went back home and I realized that I have developed a lot of pressure ulcers on my back and on my hipbone. I was unable to sit. There were a lot of infections in my body, a lot of allergies. So doctors wanted me to lie down on the bed straight. For not six months, for not 1 year, but for two years; I was bed ridden, confined in that one room, looking outside the window, listening to the birds chirping, and thinking maybe there will be a time when we will be going out with the family and enjoying the nature.

11

That was the time where I realized how lucky people are but they don't realize. That is the time where I realized that, the day I am going to sit, I am going to share this pain with everyone to make them realize how blessed they are and they even don't consider them lucky.

12

There are always turning points in your life. There was a rebirth day that I celebrated. After two years and two and half months when I was able to sit on a wheel chair, that was the day when I had the rebirth.

13

I was a completely different person. I still remember, the day I sat on the wheelchair for the first time knowing that I am never going to leave this, knowing that I won't be able to walk for the rest of my life, I saw myself in the mirror and I talked to myself. And I still remember what I said. I cannot wait for a miracle to come and make me walk. I cannot sit in the corner of the room crying, cripping and begging for mercy because nobody has time.

14

So I have to accept myself the way I am, the sooner the better. So, I applied the lip color for the first time. And I erased it. And I cried and I said what am I doing. A person on a wheelchair should not do this. What will people say? Clean it up. Put it again. This time I put it for myself.

15

Because I wanted to feel perfect from within. And that day I decided I am going to live the life of myself. I am not going to be that perfect person for someone. I am just going to take this moment and I will make it perfect for myself.

16

And you know how it all began. That day I decided that I am going to fight my fears. We all have fears. Fear of unknown, fear of known. Fear of losing people. Fear of losing health, money. We want to excel in career. We want to become famous. We want to get money. We are scared all the time.

17

So I wrote down one by one, all those fears. And I decided that I am going to overcome these fears one at a time. You know what was my biggest fear? Divorce. I couldn't stand this word.

18

I was trying to cling on to this person who didn't want me anymore. But I said no, I have to make it work. But the day I decided that this is nothing but my fear, I liberated myself by setting him free. And I made myself emotionally so strong that the day I got news that he is getting married, I sent him a text and said, "I am so happy for you and I wish you all the best." And he knows that I pray for him today.

19

My biggest fear number two was: I won't be able to be a mother again, and that was quite devastating for me. But then I realized there are so many children in the world, all they want is acceptance. So there is no point of crying, just go and adopt one. That's what I did.

20

I gave my name in different organizations, different orphanages. I didn't mention that I am on a wheelchair, dying to have a child. So I just told them that this is Muniba Mazari and she wants to adopt a boy or girl whatsoever. But I wanted to adopt a kid.

21

And I waited patiently. Two years later, I got this call from a very small city in Pakistan. I got a call and they said, "Are you Muniba Mazari? There is a baby boy. Would you like to adopt?" And when I said "Yes," I could literally feel the labor pain. Yes. Yes, I am going to adopt him. I am coming to take him home.

22

And when I reached there, the man was sitting and he was looking at me from head to toe. And in back of my head, I kept thinking that, oh my God, he is going to say she is on the wheelchair. She doesn't deserve it. How is she going to take care of him?

23

And I looked at him and I said, "Do not judge me because I am on the wheel chair." But you know what he said, "I know you will be the best mother of this child. You both are lucky to have each other." And that day, he was two days old and today he is six.

Notes

sometimes I wonder~: 가끔 나는 ~이 놀랍다, 신기하다, 궁금하다, It's a wonder (that) ⋯ 것이 놀랍다[이상하다], It's no wonder (that)⋯ 은 (별로) 놀랄 일이 아니다[⋯하는 것도 당연하다]

describe: 서술하다, description 서술[기술/묘사/표현], descriptive 서술[묘사]하는, to describe something precisely ⋯을 정확하게 묘사하다, job description 직무분석표, 직무해설서

dreadful: 끔찍한, 지독한=terrible, a dreadful accident 끔찍한 사고, They suffered dreadful injuries. 그들은 무시무시한 부상을 당했다. I'm afraid there's been a dreadful mistake. 지독한 실수가 있었던 것 같다. It's dreadful the way they treat their staff. 그들이 직원을 대우하는 방식은 지독하다.

inspire: (욕구 · 자신감 · 열의를 갖도록) 고무[격려]하다, to inspire you 당신을 격려하기 위해서, inspiration (특히 예술적 창조를 가능하게 하는) 영감

at the verge of: ~의 직전에, be on the verge of ~하기 직전에, We are at the verge of a new era. 우리는 새로운 세대의 직전에 있다.

despair: 실망, 절망, tragic despair 비극적 절망, hope or despair 희망 아니면 절망, Her mood alternated between happiness and despair. 그녀의 기분은 계속 행복감과 절망감 사이를 오갔다. Despair choked her words. 그녀는 절망으로 인해 말문이 막혔다.

give birth to a child: 아이를 낳다, She is expected to give birth to a child next month. 그녀는 내달에 해산할 예정이다.

be devastated: 엄청난 충격을 받은, be completely devastated 쑥대밭이 되다, The development of the land devastated everything. 그 땅의 개발이 모든 것을 황폐하게 만들었다. I was devastated after watching the video clips about the tsunami in Japan. 일본 쓰나미 비디오 영상을 보고 충격 받았었어.

get divorced: 이혼하다, 파경을 맞다, Children suffer emotional distress when their parents get divorced. 부모가 이혼하면 아이들은 정신적 고통을 겪는다. He is going to get divorced. 그 사람 이혼할 거래요. After a long talk, they decided to get divorced. 오랜 대화 끝에 그들은 이혼하기로 결정했다.

chase: 쫓다, 추적하다, chase one's tail 별 성과 없이 시간과 에너지를 쏟다, 헛수고하다, Let's cut to the chase. 본론으로 들어가자. 본론부터 말하자.

distress: 고통, 고난, 괴로움, emotional distress 정서적 괴로움, Don't distress yourself. 자신을 괴롭히지 마라. She was obviously in distress after the attack. 그녀는 그 공격이 있은 후 분명히 고통스러워하고 있었다. It is a rule of the sea to help another boat in distress. 조난 위험에 처한 다른 배를 돕는 것이 바다에서의 법칙이다.

grief: 슬픔, 비탄, 큰 슬픔, It was a grief to them that they had no children. 그들은 자식이 없다는 것이 큰 슬픔이었다. He caused his parents a lot of grief. 그는 부모를 몹시 애를 먹였다.

scraps: (종이, 옷감 등의) 조각, 남은 음식 찌꺼기, I'm tired of wearing white scraps. 나는 하얀 옷감 조각을 입는데 신물이 났다. Give the scraps to the dog. 남은 음식은 개에게 주어라.

utter: 언급하다, 말하다, without uttering a single word 한마디 말도 없이, She served me well without uttering any complaints. 그녀는 아무 불평 없이 묵묵히 일을 잘해 주었다.

be discharged: 퇴원하다, 풀려나다, He received an honourable discharge from the army. 그는 군에서 명예 제대를 했다.

pressure ulcer: 압박 궤양 = pressure sore

liberate: (억압·속박으로부터) 해방시키다, 일상에서 자유롭게 해주다, I liberated myself. 나는 나 자신을 해방시켰다. I am not a liberator. Liberators do not exist. The people liberate themselves. (Ernesto Che Guevara) 나는 해방가가 아니다. '해방가'란 존재하지 않는다. 민중은 스스로를 해방시킨다. (체 게바라, 자유명언)

labor pain: 산통, 분만통 = birth pain, Labor pain may be more intense than you expected, or it may hurt in a different way. 진통은 당신이 예상한 것보다 더 강할 수도 있다.

1

때때로 저는 이 모든 일을 다시 설명하는 것이 얼마나 쉬운가에 대해 놀랍니다. 어떤 사람이 자신의 이야기를 누군가에게 말할 때 울지 않을 수 있다면 그것은 이미 치유받은 것이라고 했는데 맞는 말이라고 생각합니다. 병원에 있었던 그 두 달 반은 정말 끔찍했습니다. 저는 여러분을 감동시키기 위해 이야기를 꾸며내지 않겠습니다. 저는 당시에 완전 절망한 상태였습니다.

2

어느 날 의사가 제게 이렇게 말했습니다. "화가가 되고 싶었었는데 (결혼해서) 주부가 되었다고 들었습니다. 당신에게 안 좋은 소식이 있는데 다시는 그림을 그리지 못할 것입니다. 왜냐면 손목과 팔이 너무 심하게 변형되어서 다시는 펜을 잡을 수 없기 때문이죠." 저는 아무 말 없이 가만히 있었습니다. 다음 날 의사가 와서 말했죠. "당신의 척추 손상이 너무 심해 다시는 걸을 수 없을 거예요." 나는 깊은 숨을 쉬었고 '괜찮아'라고 말했습니다.

3

다음 날 의사가 와서 말했습니다. "당신의 척추손상과 등에 있는 고정장치 때문에 다시는 아기를 낳지 못할 것입니다." 그날 저는 완전 절망했습니다. 그리고 엄마에게 "왜 나죠?"라고 물었던 것을 기억하고 있습니다. 그리고 내 존재에 대해 의문을 갖기 시작했습니다. 왜 나는 살아 있는 걸까? 삶의 의미가 무엇인가? 걸을 수 없다. 그림을 그릴 수 없다. 좋아. 그러나 엄마가 될 수 없다. 여자로서 아이를 가질 수 없다는 것은 불완전한 여자라는 인식을 우리는 머릿속에 갖고 있습니다. 죽을 때까지 불완전한 여자로 산다는 것이 무슨 의미가 있는가.

4

사람들은 내가 이혼 당할 거라 생각했고 겁을 먹었습니다. 내게 무슨 일이 일어날까? 왜 나야? 나는 왜 살아있지? 우리 모두는 터널(어려운 시기)을 빠져나가려 노력합니다. 우리 모두 그렇게 합니다. 왜냐하면 터널 끝에 빛을 보고 그 빛이 우리를 계속 가게 만드는 것이기 때문입니다.

5

여러분, 저는 터널 저쪽 끝에 빛이 없는데도 터널을 계속 굴러가야 했습니다. 그리고 이 때 영혼을 치유할 수 있는 말의 힘을 깨달았습니다. 엄마가 제게 말했습니다. "이 또한 지나간다. 신은 너를 위해 더 큰 계획을 가지고 계신다. 그것이 무엇인지 아직 모르지만 분명 그 분은 가지고 계신다." 그리고 그 모든 슬픔과 실망 속에서 그 말들은 신기하게도 나를 계속 살아가게 했습니다.

6

저는 언제나 얼굴에 미소를 띠려고 노력하였습니다. 고통을 감추기는 너무 어려웠습니다. 내가 아는 것이라고는 내가 만일 포기하면 엄마와 형제들도 포기할 것이라는 것뿐이었고 그들이 나와 함께 우는 것을 지켜볼 수는 없었습니다.

7

어느 날 저는 제 동생들에게 나를 계속 살아가게 하는 것은 무엇인가 물었습니다. 제 손은 변형되었지만 저는 병원에서 이 흰색 벽을 바라보는 것과 흰색 옷 입는 것에 지쳤습니다. 저는 제 삶에 여러 색을 더하고 싶었죠. 저는 무언가 하기를 원했습니다. 제게 몇 가지 색을 가져다주세요. 작은 초들도요. 저는 그림을 그리고 싶었습니다.

8

제가 그린 첫 그림은 제가 처음으로 그림을 그렸던 임종 침상이었습니다. 그것은 단지 하나의 예술작품이거나 저의 열정인 것만은 아니었습니다. 그것은 저의 치유였습니다. 그것은 정말 놀라운 치료였습니다. 단 한마디 말도 없이 저는 제 마음을 그려낼 수 있었습니다. 저는 제 이야기를 나눌 수 있었습니다.

9

사람들은 와서 말하곤 합니다. "오 아름다운 그림이군요." 사람들은 그 그림 속의 슬픔을 보지 못했습니다. 오직 저만 볼 수 있었죠. 네, 그렇게 병원에서 2년 2개월을 보냈습니다. 울거나 불편해 하거나 하지 않고 오직 그림만 그리면서… 그리고 퇴원하였습니다. 저는 집으로 돌아왔죠.

10

집으로 돌아와서 저는 제 등과 골반에 많은 압박궤양이 생겼다는 것을 알았습니다. 저는 (궤양 때문에) 앉을 수가 없었습니다. 그리고 몸에 많은 감염과 많은 알러지가 있었습니다. 의사는 제가 침대에 반듯이 누워 있기를 원했습니다. 6개월 동안도 아니고 일 년 동안도 아니고 2년 동안이나요. 저는 방안에 갇혀서 침대에 꼼짝없이 누운 채 창밖을 바라보았습니다. 새가 지저귀는 소리를 들으며 언제가 가족들과 함께 밖으로 나가 자연을 만끽할 날이 올 것이라고 생각했습니다.

11

저는 그때 사람들은 자기가 얼마나 행복한지 깨닫지 못한다는 것을 알았습니다. 저는 그때 제가 앉게 되는 그날, 사람들은 많은 축복을 받고도 자신들이 행운아인지도

20

저는 제 이름을 여러 기관과 고아원에 보냈습니다. 저는 제가 휠체어를 타고 또 아이를 무척이나 갖고 싶어 한다는 것을 말하지 않았습니다. 다만 그들에게 저는 Muniba Mazari이고 여자 아이든 남자 아이든 아이 하나를 입양하기를 원한다고 했습니다. 그러나 저는 (애기가 아닌) 조금 큰 아이를 입양하고 싶다고 했습니다.

21

그리고 저는 인내심을 갖고 기다렸습니다. 2년이 지나고 파키스탄의 아주 조그만 시에서 전화를 받았습니다. "당신이 Muniba Mazari인가요? 여기 남자 아기가 하나 있는데 입양하시겠습니까?" 저는 "예"하고 대답했고 실제로 산통이라는 것을 느낄 수 있었습니다. 예, 예, 그를 입양하겠습니다. 그를 데리러 가겠습니다.

22

제가 거기 도착했을 때 한 남자가 앉아있었고 저를 아래위로 훑어보았습니다. 저는 속으로 이 남자가 이렇게 말할 거라 생각했죠. 맙소사, 아니 이 여자는 휠체어를 타고 있네, 아이를 입양할 자격이 없군, 어떻게 아기를 돌본단 말인가?

23

저는 그를 보고 말했습니다. "휠체어에 타고 있다고 저를 비난하지 마세요." 그러나 그는 이렇게 얘기했습니다. "당신이 이 아이에게 가장 좋은 엄마가 될 것이라고 생각합니다. 아이와 당신 서로가 아주 잘 되었습니다." 그날 그 아이는 태어난 지 이틀째였고 이제 여섯 살이 되었습니다.

Vocabulary & Sentence Pattern

1. wonder

ex Sometimes <u>I wonder how easy it is for me</u> to describe all this all over again. 때로 나는 이 모든 것을 재차 설명하는 것이 얼마나 쉬운가에 대해 놀란다.

ex You <u>wonder which song I am going to sing</u>? 제가 과연 어떤 노래를 할지 궁금하시죠?

ex Have you <u>ever wondered why the sky is blue</u>? 왜 하늘이 파란색인지 궁금한 적이 있나요?

ex Sometimes his behavior <u>makes me wonder</u>. 가끔 그의 행동은 나를 어리둥절하게 한다.

ex It appears that our ballroom has been double-booked and <u>I'm wondering if you might be able to reschedule your meeting</u> for an earlier time that evening. 저희 연회장이 이중으로 예약된 것 같아서 혹시 그 회의를 그날 저녁 더 이른 시간으로 재조정하실 수 있는지 궁금합니다.

ex I <u>was wondering if I could persuade you</u> to give me a hand with this new tech presentation. 이 신기술 프레젠테이션과 관련해서 당신이 나를 도와줄 수 있도록 설득할 수 있을지 궁금합니다.

ex I saw your ad in the newspaper flyer and <u>I'm wondering if you still have any condominium available</u> for lease. 신문 전단지에서 광고를 보았는데, 혹시 아직도 임대 가능한 아파트가 남아있는지 궁금합니다.

2. won't

ex   You <u>won't be able to paint</u> again. 당신은 다시 그림을 그릴 수 없을 거다.

ex   You <u>won't be able to hold</u> pen again. 당신은 다시 펜을 잡을 수 없을 거다.

ex   You <u>won't be able to walk</u> again. 당신은 다시 걸을 수 없을 거다.

ex   You <u>won't be able to give birth</u> to a child again. 당신은 다시는 아이를 낳을 수 없을 거다.

ex   I <u>won't give up</u>. No, I <u>won't give in</u>. 나는 포기하지 않을 거다. 아니, 나는 굴복하지 않을 거다.

ex   I <u>won't cry</u>, And I <u>won't start to crumble</u>, Whenever they try to shut me or cut me down, I <u>won't be silenced</u>, You can't keep me quiet, <u>Won't tremble</u> when you try it, All I know is I <u>won't go speechless</u>. 나는 울지 않을 거야, 그리고 무너지지 않을 거야, 그들이 나를 가로막고 쓰러뜨리려 할 때마다, 난 침묵하지 않을 거야, 넌 날 조용히 시킬 수 없어, 너가 막을 때마다 난 떨지 않을 거야, 내가 아는 건 난 침묵하지 않을 거라는 거야.

3. keep

ex   We see light in the end of the tunnel which <u>keeps us going</u>. 우리는 우리를 계속 가도록 하는 터널 끝의 빛을 본다.

ex   Somehow or the other, those words were so magical that they <u>kept me going</u>. 왜 그런지 모르겠지만, 그 말들은 마법 같아서 나를 계속 가도록 했다.

ex   I <u>kept thinking that</u> he is going to say she is on the wheelchair. 나는 그가 이 여자는 휠체어에 앉아 있네라고 말할 거라고 계속 생각했다.

ex   <u>Keep smiling</u>. 계속 웃으세요(미소를 잃지 마세요).

ex   <u>Keep in touch with</u> me. 저와 계속 연락합시다(연락을 유지하세요).

ex   <u>Keep it secret</u>. 비밀로 해주세요.

ex   <u>Keep it to</u> yourself. 당신만 알고 계세요.

ex   Keep out of my way. 내 길을 막지 마세요.

ex   Keep the change. 잔돈은 놔두세요.

ex   Keep your chin up! 턱을 치켜드세요(기운 내세요).

4. be tired of

ex   I am tired of looking at these white walls in the hospital and wearing these white scraps. I am getting tired of this. 나는 병원의 흰색 벽을 바라보는 것에, 그리고 이 흰색 옷을 입는 것에 싫증이 났다.

ex   She grew tired of the sameness of the food. 그녀는 음식이 똑같은 것에 싫증이 났다.

ex   Handmade goods appeal to those who are tired of cookie-cutter products. 수제품은 비슷비슷한 상품들에 싫증을 느끼는 사람들에게 매력적으로 다가간다.

ex   I'm tired of your eternal arguments. 너네들 끊임없이 다투는 거 지겨워.

ex   I'm sick and tired of your moaning. 난 네가 투덜대는 거 그냥 지긋지긋해.

ex   I'm tired of your everlasting complaints. 난 너의 끊임없는 불평에 질렸어.

ex   He soon tired of doing the same work every day. 그는 매일 같은 일을 하는 것에 싫증이 났다.

ex   She never tires of listening to music. 그녀는 음악 듣는 것에 결코 싫증 내지 않는다.

단어 복습 문제 & 예문 찾기

(다음 단어와 제시된 예문의 뜻은? 자신의 예문도 하나 더 찾아보면 좋겠죠?)

1. utter

   ex Without uttering a single word, I could paint my heart out.

   ex ....

2. discharge

   ex I spent two and half months in hospital, and then I was discharged.

   ex ....

3. confine

   ex I was bed ridden, confined in that one room, looking outside the window.

   ex ....

4. liberate

   ex I liberated myself by setting my husband free.

   ex ....

5. devastating

ex I won't be able to be a mother and that was quite devastating for me.

ex ....

6. orphanage

ex I gave my name in different organizations, different orphanages.

ex ....

7. deserve

ex She doesn't deserve adopting the child. How is she going to take care of him?

ex ....

8. judge

ex Do not judge me because I am on the wheel chair. I will be the best mother of this child.

ex ....

Where Is The Love?_The Black Eyed Peas

What's wrong with the world, mama?

엄마, 세상이 왜 이럴죠

People livin' like they ain't got no mamas

사람들은 그들에게 엄마가 없는 것처럼 살아가고 있어요

I think the whole world's addicted to the drama

온 세상이 드라마에 중독된 거 같아요

Only attracted to things that'll bring you trauma

트라우마를 가져다 줄 것들에게만 끌리나 봐요

Overseas, yeah, we tryna stop terrorism, But we still got terrorists here livin'

우리는 해외에서 테러를 막아보려 했지만, 테러리스트들은 여전히 우리 곁에 살고 있어요

In the USA, the big CIA, The Bloods and The Crips and the KKK

미국에는 거대한 기관 CIA가 있고 블러드, 크립 같은 갱단이나 KKK 같은 인종차별집단도 있죠

But if you only have love for your own race

그런데 자신이 속한 인종만 사랑하면

Then you only leave space to discriminate

그럼 차별이 생겨날 여지만 줄 뿐이죠

And to discriminate only generates hate

그리고 차별은 증오만을 낳죠

And when you hate, then you're bound to get irate, yeah

증오에 휩싸이면 분노에 사로잡히게 되죠

Madness is what you demonstrate And that's exactly how anger works and operates

당신이 보여주는 광기가 그게 바로 분노가 작용하는 방식이죠

Man, you gotta have love just to set it straight

그걸 바로 잡으려면 사랑해야 해요

Take control of your mind and meditate

마음을 다스리고 명상을 해봐요

Let your soul gravitate to the love, y'all, y'all
당신의 영혼이 사랑에 이끌리도록 해봐요

People killin', people dyin' Children hurt, hear them cryin'
사람들은 죽이고 죽어가고, 아이들은 다치고 우는 소리가 들리죠

Can you practice what you preach, Or would you turn the other cheek?
당신이 말하는 걸 실천할 수 있나요? 다른 쪽 뺨도 대 줄 수 있나요?

Father, Father, Father, help us, Send some guidance from above
하늘에 계신 아버지 우리를 도와주세요, 그 위에서 어떻게 하면 좋을지 알려주세요

'Cause people got me, got me questionin' Where is the love (love)
사람들 때문에 의문을 품게 되었어요, 사랑은 어디 있나요?

The Black Eyed Peas

The Black Eyed Peas is an American musical group consisting of rappers will.i.am, apl.de.ap, Taboo.

Black Eyed Peas' first major hit was the 2003 single "Where Is the Love?" from Elephunk, which topped the charts in 13 countries.

On August 31, 2016, 'the Black Eyed Peas' remake of their song, "Where Is the Love?," and will.i.am told in an interview that all proceeds raised from the song will go to his "i.am.angel foundation," which funds educational programs and college scholarships in the United States.

1

You will be surprised to know another bigger fear that I had in me. It was facing people. I used to hide myself from people. When I was on bed for two years I used to keep the door closed. I used to pretend that I am not going to meet anyone. Tell them I am sleeping.

2

You know why? Because I couldn't stand that sympathy that they had for me. They used to treat me like a patient. When I used to smile, they used to look at me and say that you are smiling, are you OK?

3

I was tired of this question being asked. Are you sick? Well, a lady at the airport asked me, 'Are you sick?' And I said, well, besides the spinal cord injury, I am fine. I guess. But those are really cute questions. They never used to feel cute when I was on the bed.

4

So I used to hide myself from people knowing that, Oh my God I am not going to see that sympathy in their eyes. It's all right. And today, I am here speaking to all these amazing people. Because I have overcome the fear.

5

You know when you end up being on the wheelchair, what's the most painful thing? That's another fear, that people on the wheelchair, or the people who are differently abled have in their hearts but they never share. I will share that with you. The lack of acceptance. People think that they will not be accepted by the people because we and the world of perfect people are imperfect.

6

So, I decided instead of starting an NGO for disability awareness which I know will not help anyone, I started to appear more in public. I started to paint. I always wanted to. I have done a lot of exhibitions. I am Pakistan's first wheelchair-bound artist. I have done a lot of modeling campaigns, different campaigns for brands like Toni & Guy.

7

I have done some really funny breaking the barriers kinds of modeling. There was this one by the name ClownTown where I became a clown because I know that clowns have hearts too.

8

And then I also decided that if I really want to make a difference, I am not going to let people use me for their polio campaigns where they will make you a victim or an emblem of misery and mercy and will say that, you know what, give polio drops to your children or they will become like this girl.

9

I decided that I am going to join the National TV of Pakistan as an anchor person. And I have been doing a lot of shows for the last three years. So, when you accept yourself the way you are, the world recognizes you. It all starts from within.

10

I became the national goodwill ambassador for UN Women, Pakistan. And now I speak for the rights of women and children. We talk about inclusion, diversity, gender equality which is a must. I was featured in BBC 100 women for 2015. I am one of the Forbes 30 under 30 for 2016. And it all didn't happen alone.

11

You all are thriving in your careers. You have bigger dreams and aspirations in life. Always remember one thing, on the road to success there is always 'We', not 'Me'. Do not think that you alone can achieve things. No, there is always another person, who is standing behind you, maybe not coming on the forefront but behind you, praying for you and supporting you. Never lose that person. Never.

12

You work hard. You make money. You do it for yourself. That's not life.
You go out, you seek for people who need your help. You make their lives
better. You become that sponge which can absorb all the negativity. You
become that person who can emit beautiful positive vibes and when you
realize that you have changed someone's life. And because of you, this
person didn't give up. That is the day when you live. Always.

13

We were talking about gratitude. Why I smile all the time. I cry all night
when nobody sees me. Because I am a human and I have to keep the
balance. And I smile all day because I know that if I will smile I can make
people smile. That keeps me going.

14

Be grateful for what you have. And you will always, always, end up having
more. But if you will cry, if you will crip for the little things that you
don't have or the things that you have lost, you will never ever have
enough. Sometimes we are too busy thinking about the things that we
don't have that we forget to cherish the blessings that we have.

15

I am not saying that I am not healthy and that makes me unlucky. But yes,
it is hard. It is hard when I say I can't walk. It is hard to say when I wear

this bag. It hurts. But I have to keep going. Because never giving up is the way to live. Always.

16

So while I end my talk on a very short note. Live your life fully. Accept yourself the way you are. Be kind to yourself. Be kind to yourself. I will repeat, be kind to yourself. And only then you can be kind to others.

17

Love yourself and spread that love. Life will be hard. There will be turmoils, there will be trials. But that will only make you stronger. Never give up.

18

The real happiness doesn't lie in money, success or fame. I have this all and I never wanted this. Real happiness lies in gratitude. So be grateful and be alive and live every moment.

Thank you so much everyone. Thank you.

Notes

used to pretend: ~한 척 하곤 했다, used to ~ 과거 한때는 ~하곤 했다, pretend ~인 척하다, I'm tired of having to pretend all the time. 나는 언제나 가식적으로 행동해야 하는 것에 질렸다. Don't be surprised if I pretend not to recognize you. 내가 당신을 못 알아본 척 해도 놀라지 말아요.

couldn't stand that sympathy: 그 동정을 참을 수 없었다, stand (주로 부정문, 의문문에 쓰여서) 참다, 견디다 (=endure, tolerate), sympathy 동정, 연민, His case is unlikely to evoke public sympathy. 그의 사건이 대중의 연민을 자아낼 것 같지는 않다.

patient: (특히 병원의 입원) 환자, a patient's medical history 환자의 병력, patient zero (전염병에서) 최초 감염자, Asymptomatic patient 무증상환자

spinal cord injury: 척추 손상, He fell from a tree and severed his spinal cord. 그는 나무에서 떨어져서 척수가 파열됐어요. He suffered an accident in which his spinal cord was damaged. 그는 척수가 손상되는 사고를 겪었다.

these amazing people: 이들 놀랄 만한 사람들, amazing 경이로운, 놀라운 (= wonderful, marvelous, extraordinary, miraculous, phenomenal), I find it amazing that they're still together. 나는 그들이 아직도 함께 있는 것에 놀랐다. She has amazing powers of recall. 그녀는 놀라운 기억력을 지녔다.

lack of acceptance: 수용의 부족, 받아들여지지 않음, Social acceptance is important for most young people. 대부분의 젊은이들에게는 사회적 수용이 중요하다. Please confirm your acceptance of this offer in writing. 본 제의를 수락하시면 서면으로 확답해 주시기 바랍니다.

disability awareness: 장애 인식, disability (신체적, 정신적) 장애, Disability awareness around childhood conditions such as autism and ADHD must be improved. 자폐증과 ADHD와 같은 아동 질환을 둘러싼 장애인식은 개선되어야만 한다.

first wheelchair-bound artist: 최초의 휠체어 탄 예술가, wheelchair-bound 휠체어 신세를 지는, He has been wheelchair bound for almost four decades. 그는 거의 40년 동안 휠체어 신세를 지고 있다.

breaking the barriers: 장벽을 타파, barrier 장벽, 장애물, They fell in love in spite of the language barrier. 그들은 언어적 장벽에도 불구하고 사랑에 빠졌다. Lack of confidence is a psychological barrier to success. 자신감 부족은 성공을 가로막는 심리적 장애물이다.

emblem of misery: 비참함의 상징, emblem 상징, an emblem of peace 평화의 상징, The dove is an emblem of peace. 비둘기는 평화의 상징이다. Her shirt has the company emblem on it. 그녀의 셔츠 위에는 회사 상표가 새겨져 있다.

goodwill ambassador: 친선대사, goodwill 친선, 호의

inclusion: 포용, social inclusion 사회적 포용, cf. social exclusion 사회적 배척, 배제

diversity: 다양성, 포괄성, biological diversity 생물학적 다양성, a diversity of opinion 여러 가지 의견

gender equality: 양성 평등, Ministry of Gender Equality and Family 여성 가족부, struggle for gender equality 성 평등을 위한 투쟁

thrive: 번창하다, 잘 자라다 (=flourish), New businesses thrive in this area. 이 지역에서는 새 사업체들이 번창하고 있다.

aspiration: 열망, 포부, 염원, His aspiration to be a leader guided him into politics. 지도자가 되고자 하는 열망이 그를 정치계로 인도했다.

on the forefront: 선두에 서서

emit beautiful positive vibes: 이름다운 긍정적인 분위기를 내뿜다, emit 내뿜다, vibes (특정한 사람·사물·장소가 풍기는) 느낌[분위기]

cherish the blessings: 그 축복을 소중히 여기다, blessing 축복, blessing or curse 축복 또는 저주

turmoil: 소란, 혼란, Her mind was in (a) turmoil. 그녀의 마음은 혼란에 빠져 있었다.

1

제가 느끼는 또 하나의 큰 두려움을 아시면 놀라실 겁니다. 그것은 사람들을 대하는 것입니다. 저는 사람들로부터 숨곤 했습니다. 제가 병원에 있는 2년 동안 문을 늘 닫아두었습니다. 나는 어떤 사람도 만나려 하지 않는 척 했습니다. 사람들에게 자고 있다고 말하라고 했죠.

2

왜 그랬는지 아시겠어요? 사람들이 제게 갖는 연민, 동정을 참을 수 없었습니다. 그들은 나를 환자처럼 대했죠. 사람들은 제가 웃으면 저를 보면서 "웃고 있네요. 괜찮으세요?"라고 말했습니다.

3

저는 "어디 아프세요?"라는 질문에 지쳤습니다. 한번은 공항에서 한 여자분이 "어디 아프세요?"라고 물었습니다. 저는 "네, 척추 손상을 입은 것을 제외하고 저는 괜찮습니다" 하고 대답했습니다. 그러나 그 정도는 귀여운 질문이죠. 제가 침대에 누워있을 때는 절대 귀엽다고 느끼지 못했을 겁니다.

4

그래서 저는 사람들로부터 숨어 버렸습니다. 그들 눈에 있는 그 동정심을 저는 보고 싶지 않았습니다. 지금은 괜찮습니다. 지금 저는 멋진 사람들 앞에서 이야기하고 있는데, 제가 그 두려움을 극복했기 때문입니다.

5

만일 여러분이 휠체어를 타는 처지가 되었다면 무엇이 가장 고통스러울까요? 그것은 휠체어를 탄 사람들, 혹은 또 다르게 능력을 가진 사람들이 마음속에 갖고 있는, 결코 공유하지 않는 두려움입니다. 저는 그것을 여러분과 공유하겠습니다. 그것은 '받아들여짐의 결핍'입니다. 사람들은 자신이 받아들여지지 못할 거라고 생각합니다. 왜냐하면 우리들과 완벽한 사람들의 세계가 사실은 불완전하기 때문이죠.

6

그래서 저는 별로 사람들에게 도움이 되지 않는 장애인을 위한 NGO를 시작하는 대신 대중에게 더 많이 모습을 보이기 시작했습니다. 저는 그림을 그리기 시작했습니다. 제가 늘 원했던 거죠. 그리고 많은 전시회를 열었습니다. 저는 파키스탄 최초의 휠체어 예술가입니다. 저는 Toni & Guy 같은 수많은 브랜드의 모델을 했습니다.

7

저는 아주 재미있는 장벽을 허무는 모델을 했습니다. 그중에는 제가 광대가 된 ClownTown이란 것도 있는데 광대들도 가슴이 있기 때문이죠.

8

그리고 저는 결심했습니다. 만일 제가 진심으로 어떤 변화를 원한다면 결코 사람들이 저를 소아마비 캠페인에 이용하도록, 혹은 슬픔과 자비의 상징으로 이용하도록 하지 않을 거라고 결심했고, "당신 아이들에게 소아마비 예방주사를 주어라. 그렇지 않으면 이 소녀와 같이 될 것이다"라고 말하지 못하게 했습니다.

9

저는 국영 파키스탄 TV에 합류하기로 했습니다. 그리고 지난 3년 동안 많은 쇼를 진행하였습니다. 당신이 당신 자신을 있는 그대로 받아들일 때 세상도 당신을 인정합니다. 그것은 전부 내면으로부터 시작하죠.

10

저는 UN 여성, 파키스탄의 친선대사가 되었습니다. 지금 저는 여성과 아동의 인권에 대해 이야기하고 있습니다. 우리는 포용, 다양성, 반드시 필요한 성평등에 대해 이야기합니다. 저는 2015년 BBC가 선정한 여성 100인에 포함되었습니다. 2016년에는 Forbs의 30세 미만의 30명에 선정되었습니다. 이 모든 것이 저 홀로 만든 것은 아닙니다.

11

당신들 모두는 직장에서 잘 해내고 있습니다. 인생에서 더 큰 꿈을 갖고 포부도 갖고 있습니다. 언제나 이것 하나를 기억하세요. 성공으로 가는 길에 언제나 '나'가 아닌 '우리'가 있다는 것을. 당신 홀로 무언가를 이룰 수 있다고 생각하지 마세요. 당신 뒤에 언제나 사람들이 있습니다. 앞에서 다가오지 않을 수도 있지만 당신의 등 뒤에서, 당신을 위해 기도하고 응원하는 사람이 있습니다. 그 사람을 결코 잃지 마세요. 결코.

12

당신은 열심히 일합니다. 또 돈도 벌지요. 그 모든 것을 당신을 위해서 합니다. 그러나 그것이 '삶'은 아닙니다. 밖으로 나가 당신의 도움을 필요로 하는 사람을 찾으십시오. 당신은 그들의 삶을 더 좋게 만들 수 있습니다. 당신은 모든 부정적인 것을 흡수하는 스폰지가 됩니다. 당신은 아름답고 긍정적인 분위기를 발산할 수 있는 사람이 될 수 있고 그것을 느낄 때 어떤 사람의 삶을 변화시킬 수 있습니다. 당신으로 인해 그 사람은 포기하지 않습니다. 그것이 바로 당신이 살아있는 그날입니다. 언제나.

13

우리는 감사함에 대해 이야기 했습니다. 왜 제가 늘 웃을까요? 아무도 안 볼 때 저는 밤새 웁니다. 저도 인간이고 밸런스를 맞춰야 하니까요. 제가 웃으면 사람들을 웃게 할 수 있고 그것이 저를 살아가게 한다는 것을 알기 때문에 저는 종일 웃습니다.

14

당신이 갖고 있는 것에 대해 감사하십시오. 그러면 당신은 언제나 더 많이 갖게 될 것입니다. 당신이 갖지 못한 사소한 것에 대해 또는 당신이 잃어버린 것에 대해 불평한다면 당신은 평생 충분히 갖지 못할 겁니다. 때때로 우리는 우리가 갖지 못한 것에 대해 생각하느라 너무 바빠서 우리가 갖고 있는 것에 대해 감사하는 것을 잊곤 합니다.

15

제가 건강하지 못해 불행하다고 말하는 것은 아닙니다. 네, 저는 힘이 듭니다. 제가 걸을 수 없다고 말할 때 저는 힘듭니다. 늘 이 백을 지녀야 한다고 말할 때 저는 힘듭니다. 그러나 저는 계속 살아가야 합니다. 결코 포기하지 않는 것이 제가 사는 방식이기 때문입니다. 언제나.

16

자, 저는 제 이야기를 짧은 글귀로 마무리하겠습니다. 당신의 삶을 충분히 살아라. 당신의 있는 그대로를 받아들여라. 당신 자신에게 친절해라. 당신 자신에게 친절해라. 반복하겠습니다. 당신 자신에게 친절해라. 오직 그럴 때만 다른 사람에게도 친절할 수 있습니다.

17

당신 자신을 사랑하고 그 사랑을 퍼트리세요. 삶은 힘겹습니다. 때로 혼란스럽고 시험도 있습니다. 그러나 그런 것들은 당신을 더 강하게 할 뿐입니다. 절대 포기하지 마십시오.

18

진정한 행복은 돈이나 성공이나 유명세에 있지 않습니다. 저는 이 모든 것을 가지고 있고 이 모든 것을 원한 적이 없습니다. 진정한 행복은 '감사함'에 있습니다. 그러니 살아 있음에 감사하고 매 순간을 사십시오.

모든 분들께 진심으로 감사드립니다.

Vocabulary & Sentence Pattern

1. used to

used to ~: ~하곤 했다, 과거 한때는[예전에는] …이었다[했다]

ex I <u>used to hide myself</u> from people. 나는 사람들로부터 나를 감추곤 했다.

ex I <u>used to keep the door closed</u>. 나는 계속 문을 닫아두곤 했다.

ex They <u>used to treat me</u> like a patient. 그들은 나를 환자처럼 대하곤 했다.

ex I <u>used to pretend that</u> I am not going to meet anyone. 나는 어느 누구도 만나지 않을 것인 척 하곤 했다.

ex Raccoons <u>used to be trapped</u> for their fur. 너구리는 그 모피 때문에 덫으로 잡히곤 했다.

ex They <u>used to eat a lot of junk food</u> but now they only eat healthy foods. 그들은 전엔 많은 정크푸드를 먹곤 했는데, 이제는 오직 건강한 음식만 먹는다.

cf. get used to, become used to, be used to : ~에 익숙해지다

ex I'm <u>not used to driving this car</u> yet. 나는 아직 이 차를 운전하는 것에 익숙치 않다.

ex The dog will need a few days to <u>become used to its new home</u>. 그 개는 새집에 익숙해지는 데 며칠이 필요할 것이다.

ex She quickly <u>got used to the warm weather</u>. 그녀는 따뜻한 날씨에 곧 익숙해졌다.

2. end up

end up : 결국 (어떤 처지에) 처하게 되다

ex When you end up being on a wheelchair, what's the most painful thing? 결국 휠체어를 타야 하는 상황에 처하게 될 때 가장 고통스런 것은 무엇일까?

ex Be grateful for what you have. And You will always end up having more. 너가 갖고 있는 것에 대해 감사해라. 그러면 당신은 결국 더 많이 갖게 될 것이다.

ex I heard that you wanted to be an artist, but you ended up being a housewife. 당신은 화가가 되고 싶었지만 결국 가정주부가 되었다고 들었다.

ex The movie we wanted to see was sold out so we ended up seeing a different one. 우리가 보고자 했던 영화는 표가 다 팔려서 결국 우리는 다른 것을 보았다.

3. the way

the way : 방식, 상태

ex Accept yourself the way you are. 너 자신, 있는 그대로를 받아들여라.

ex The way he ate his food revolted me. 그의 음식을 먹는 태도가 나를 역겹게 했다.

ex It's great just the way it is. 지금 이대로가 아주 좋아.

ex I love you just the way you are. 당신을 있는 그대로 사랑합니다.

ex I'd like to say that I'm sorry for the way I behaved in my youth. 어렸을 때 내가 행동했던 방식에 대해 미안하다고 말하고 싶습니다.

ex I told him everything just the way it is. 나는 그에게 있는 그대로 말했다.

ex I want you just the way you are. 지금 그대로의 당신을 원합니다.

ex I want you to accept(take) me the way I am. 있는 그대로의 나를 받아들

여 주세요.

ex Just <u>the way I've been having it done</u>, please. 늘 하던 대로, 지금 스타일대로 해 주세요.

4. Imperative Sentence

명령문은 주어 you가 생략되고, 동사가 맨 앞에 오는 형태인데, 주어를 생략하지 않음으로 하여 명령을 더 강조하는 효과를 두기도 한다.

ex <u>Be grateful</u> for what you have. 당신이 갖고 있는 것에 대해 감사하세요.

ex <u>Love yourself</u> and spread that love. 당신 자신을 사랑하세요. 그리고 그 사랑을 퍼트리세요.

ex <u>Never lose</u> that person. 그 사람을 결코 잃지 마세요.

ex <u>Do not think that</u> you alone can achieve things. 당신 혼자 어떤 것을 이룰 수 있다고 생각하지 마세요.

ex <u>Love the life</u> you live, live the life you love. 당신이 사는 삶을 사랑하고 당신이 사랑하는 삶을 사세요.

ex <u>You go out</u>, you seek for people who need your help. You make their lives better. 밖으로 나가서 당신의 도움이 필요한 사람을 찾아 그들의 삶을 더 좋게 만드세요.

단어 복습 문제 & 예문 찾기
(다음 단어와 제시된 예문의 뜻은? 자신의 예문도 하나 더 찾아보면 좋겠죠?)

1. sympathy

   ex   I couldn't stand that sympathy that they had for me.

   ex   ....

2. spinal cord injury

   ex   I am fine besides the spinal cord injury.

   ex   ....

3. in public

   ex   I started to appear more in public.

   ex   ....

4. emblem

   ex   They will make you a victim or an emblem of misery.

   ex   ....

5. thrive

ex You all are thriving in your careers.

ex ....

6. vibes

ex Become the person who can emit beautiful positive vibes.

ex ....

7. cherish

ex We are too busy thinking about things that we don't have, that we forget to cherish the blessings that we have.

ex ....

8. turmoil

ex Turmoils and trials will only make you stronger.

ex ....

refresh with pop song

I Don't Trust Myself_John Mayer

No I'm not the man I used to be lately
아냐, 난 더 이상 예전의 내가 아니야

See you met me at an interesting time
봐, 우리는 흥미로운 시간에 만났지

And if my past is any sign of your future
만약 내 과거가 네 미래의 어떤 징조라면

You should be warned before I let you inside
내가 널 마음에 두기 전에 조심해야 할 거야

Hold on to whatever you find baby
찾은 게 무엇이든 놓치지 마, 자기야

Hold on to whatever will get you through
나아갈 수 있는 거면 무엇이든 놓치지 마

_Muniba Mazari 131

Hold on to whatever you find baby

찾은 게 무엇이든 놓치지 마, 자기야

I don't trust myself with loving you

너를 사랑하는 나 자신을 믿지 못하겠어

I will beg my way into your garden

네 정원에 들어가기 위해 난 애원할 거야

And then I'll break my way out, when it rains

그리고 비가 올 때는 뛰쳐 나올거야

Just to get back to the place where I started, So I can want you back all over again

내가 시작했던 곳으로 돌아왔지만, 너와 다시 시작할 수 있으니까

John Mayer

John Clayton Mayer (born 16 October 1977) is an American singer, songwriter, and guitarist.

Mayer attended Berklee College of Music in Boston, but left and moved to Atlanta in 1997 with Clay Cook. Together, they formed a short-lived two-man band called Lo-Fi Masters.

After their split, Mayer continued to play local clubs, refining his skills and gaining a following.

After his appearance at the 2001 South by Southwest festival, he was signed to Aware Records, and eventually to Columbia Records, which released his first extended play Inside Wants Out.

His following two studio albums—Room for Squares (2001) and Heavier Things (2003)—performed well commercially, achieving multi-platinum status.

In 2003, he won the Grammy Award for Best Male Pop Vocal Performance for his single "Your Body Is a Wonderland."

I Don't Trust Myself

In Verse 1, Mayer pre-emptively warns his new love interest about his previous behaviours within his relationships; implying that he is no longer an idealist or a romanticist when it comes to relationships and love.

After Verse 1, the Chorus is played, implying that Mayer knows that this attraction to his love interest won't last. He requests that she find whatever it is she needs to feel happy and safe. He warns her again that he can't be the thing/person that provides that to her, because he doesn't trust himself to love her.

Chapter
03

Reducing Inequity Is
the Highest Human Achievement
_Bill Gates

윌리엄 헨리 빌 게이츠 3세(William Henry "Bill" Gates III, 1955년 10월 28일~)는 미국의 마이크로소프트 설립자이자 기업인이다. 워싱턴주 시애틀에서 태어나 자란 게이츠는 1975년 뉴멕시코주 앨버커키에서 어린 시절 친구였던 폴 앨런과 함께 마이크로소프트를 공동 설립했다.

게이츠는 2000년 1월 최고경영자(CEO) 자리에서 물러날 때까지 회장 겸 CEO로 회사를 이끌었지만 이사회 의장으로 남아 소프트웨어 설계의 최고책임자가 됐다. 2006년 6월 게이츠는 자신과 아내 멜린다 게이츠가 2000년에 설립한 개인 자선재단인 빌 & 멜린다 게이츠 재단에서 전일제로 근무하기 위해 마이크로소프트에서 파트타임 직으로 전환하기도 했다. 게이츠는 2009년에 워렌 버핏과 더기빙플레지(The Giving Plege)를 설립했는데, 이 서약서를 통해 자신과 다른 억만장자들은 적어도 재산의 절반을 자선단체에 기부하겠다고 서약했다.

이 연설은 빌 게이츠가 2007년 6월 7일 하버드대학 졸업식에서 한 것으로 1만 5,000여 명의 졸업생. 학부모. 교직원뿐 아니라 전 세계인에게 감명을 줬다. 하버드대학에서 한 이 연설로부터 우리는 Bill Gates가 이런 자선활동을 하게 된 이유를 알 수 있으며 진정한 Nobleless Oblidge가 무엇인가를 보여준다고 생각되며, 그의 와이프와 함께 세계 빈곤층을 위해 많은 활동을 하는 그에게 한없는 존경심이 우러난다.

Part 1 I do have one big regret

1

President Bok, former President Rudenstine, incoming President Faust, members of the Harvard Corporation and the Board of Overseers, members of the faculty, parents, and especially, the graduates:

2

I've been waiting more than 30 years to say this: "Dad, I always told you I'd come back and get my degree." I want to thank Harvard for this timely honor. I'll be changing my job next year ⋯ and it will be nice to finally have a college degree on my resume.

3

I applaud the graduates today for taking a much more direct route to your degrees. For my part, I'm just happy that the Crimson has called me "Harvard's most successful dropout." I guess that makes me valedictorian of my own special class ⋯ I did the best of everyone who failed.

4

But I also want to be recognized as the guy who got Steve Ballmer to drop out of business school. I'm a bad influence. That's why I was invited to speak at your graduation. If I had spoken at your orientation, fewer of you might be here today.

5

Harvard was just a phenomenal experience for me. Academic life was fascinating. I used to sit in on lots of classes I hadn't even signed up for. And dorm life was terrific. I lived up at Radcliffe, in Currier House. There were always lots of people in my dorm room late at night discussing things, because everyone knew I didn't worry about getting up in the morning. That's how I came to be the leader of the anti-social group. We clung to each other as a way of validating our rejection of all those social people.

6

Radcliffe was a great place to live. There were more women up there, and most of the guys were science-math types. That combination offered me the best odds, if you know what I mean. This is where I learned the sad lesson that improving your odds doesn't guarantee success.

7

One of my biggest memories of Harvard came in January 1975, when I made a call from Currier House to a company in Albuquerque that had begun making the world's first personal computers. I offered to sell them software.

8

I worried that they would realize I was just a student in a dorm and hang up on me. Instead they said: "We're not quite ready, come see us in a month," which was a good thing, because we hadn't written the software yet. From that moment, I worked day and night on this little extra credit project that marked the end of my college education and the beginning of a remarkable journey with Microsoft.

9

What I remember above all about Harvard was being in the midst of so much energy and intelligence. It could be exhilarating, intimidating, sometimes even discouraging, but always challenging. It was an amazing privilege – and though I left early, I was transformed by my years at Harvard, the friendships I made, and the ideas I worked on.

10

But taking a serious look back ⋯ I do have one big regret. I left Harvard with no real awareness of the awful inequities in the world – the appalling disparities of health, and wealth, and opportunity that condemn millions of people to lives of despair. I learned a lot here at Harvard about new ideas in economics and politics. I got great exposure to the advances being made in the sciences.

11

But humanity's greatest advances are not in its discoveries – but in how those discoveries are applied to reduce inequity. Whether through democracy, strong public education, quality health care, or broad economic opportunity – reducing inequity is the highest human achievement.

12

I left campus knowing little about the millions of young people cheated out of educational opportunities here in this country. And I knew nothing about the millions of people living in unspeakable poverty and disease in developing countries. It took me decades to find out.

13

You graduates came to Harvard at a different time. You know more about the world's inequities than the classes that came before. In your years here, I hope you've had a chance to think about how – in this age of accelerating technology – we can finally take on these inequities, and we can solve them.

14

Imagine, just for the sake of discussion, that you had a few hours a week and a few dollars a month to donate to a cause – and you wanted to spend that time and money where it would have the greatest impact in saving and improving lives. Where would you spend it? For Melinda and for me, the challenge is the same: how can we do the most good for the greatest number with the resources we have.

15

During our discussions on this question, Melinda and I read an article about the millions of children who were dying every year in poor countries from diseases that we had long ago made harmless in this country. Measles, malaria, pneumonia, hepatitis B, yellow fever. One disease I had never even heard of, rotavirus, was killing half a million kids each year – none of them in the United States.

16

We were shocked. We had just assumed that if millions of children were dying and they could be saved, the world would make it a priority to discover and deliver the medicines to save them. But it did not. For under a dollar, there were interventions that could save lives that just weren't being delivered.

17

If you believe that every life has equal value, it's revolting to learn that some lives are seen as worth saving and others are not. We said to ourselves: "This can't be true. But if it is true, it deserves to be the priority of our giving." So we began our work in the same way anyone here would begin it. We asked: "How could the world let these children die?"

President: (여기서는) '대학 총장'을 의미, former president 전임 총장, incoming president 후임 총장, preside (회의를) 주재하다, The chairman will preside over the meeting tonight. 의장이 오늘 저녁 회의를 주관할 것이다.

overseer: 감독관, =supervisor, superintendent, Board of Overseers 감독위원회

get my degree: 학위를 받다, a college degree 학사학위, At our company, it is possible for an employee without a college degree to become a manager. 우리 회사에서는 학사 학위가 없는 직원도 관리자가 될 수 있다.

timely honor: 시기적절한 영광, timely 시기적절한, a timely rain 마침 때맞은 비, a timely hit [야구] 적시타, a timely remark 시기적절한 발언

on my resume: 내 이력서에, resume 이력서, You have to prepare a resume and your cover letter. 이력서와 자기 소개서를 준비해야 해요. What's your opinion about the new candidate's resume? 새 지원자의 이력서에 대해 어떻게 생각하십니까?

applaud: 박수를 치다, 갈채를 보내다, He started to applaud and the others joined in. 그가 박수를 치기 시작하자 다른 사람들이 합세했다. They rose to applaud the speaker. 그들은 일어서서 연설자에게 박수를 보냈다.

the Crimson: 하버드 대학의 색이 진한 빨강 crimson이라서 'the Crimson'은 '하버드 대학'을 의미, The Harvard University newspaper, the Harvard Crimson, was the first to report the story. 하버드 대학 신문인 하버드 크림슨은 이 얘기를 처음으로 보도했다.

valedictorian: 졸업생 대표(졸업식에서 고별사를 하는 수석 졸업생), She graduated as high-school class valedictorian. 그녀는 고등학교를 수석으로 졸업했다. Who was the valedictorian at our high school? 고등학교 졸업식에서 송사를 읽은 사람이 누구였지?

terrific: 아주 좋은, 멋진, 훌륭한, Wow! You look terrific! 우아! 당신 정말 멋져! I feel absolutely terrific today! 난 오늘 기분이 그야말로 기막히게 좋아.

at Radcliffe, in Currier House: 하버드 대학교 기숙사

as a way of validating our rejection: 우리의 거절(거부)을 입증하는 한 방법으로, validate 인증하다, 입증하다, valid 유효한, 정당한

the best odds: 최고의 가능성, odds (어떤 일이 있을) 가능성, The baby boy defied all the odds and survived. 그 남자 아기는 (살 수 없으리라는) 모든 예상을 깨고 살아남았다.

in Albuquerque: 알버커키에 있는, 미국 뉴멕시코에 있는 도시

exhilarating: 아주 신나는, 즐거운, exhilarating air 상쾌한 공기, It was a new and exhilarating experience for her. 그것은 그녀에게는 새롭고 유쾌한 경험이었다.

intimidating: 겁을 주는, 겁나는, This kind of questioning can be very intimidating to children. 이런 종류의 질문은 아동들에게 아주 겁나는 것이 될 수가 있다.

the awful inequities: 끔찍한 불평등, solve inequity 불공평성을 해소하다, remove inequity 불공평성을 없애다

the appalling disparities: 엄청난 차이, appaling 엄청난, 처참한, The prisoners were living in appalling conditions. 그 죄수들은 끔찍한 환경에서 생활하고 있었다.

cheated out of educational opportunities: 교육의 기회를 빼앗긴, She was bullied and cheated out of her money. 그녀는 협박당하여 돈을 빼앗겼다. He was cheated out of his property by a con man. 그는 사기꾼에게 속아서 재산을 날렸다.

intervention: 간섭, 개입, 중재, 조정, Military intervention will only aggravate the conflict even further. 군사적 개입은 그 갈등을 훨씬 더 악화시킬 뿐이다.

revolting: 역겨운 =disgusting, revolt 반란, 봉기, 저항

지문 해석

1

Bok 총장님, Rudenstine 전 총장님, Faust 차기 총장님, 그리고 하버드 재단의 구성원들, 감독관님들, 교수님들, 학부모님들, 특히 졸업생 여러분.

2

저는 이 말을 하기 위해 30년 이상을 기다려 왔습니다: "아버지, 제가 늘 말했잖아요. 돌아와서 학위를 받겠다고요." 이 시기적절한 영예에 대해 하버드에게 감사드립니다. 내년에 저는 제 직업을 바꿀 건데 드디어 제가 이력서에 대학 학위를 쓸 수 있게 되었습니다.

3

저는 오늘 졸업하는 여러분이 학위취득에 있어서 보다 더 직접적인 길을 선택한 것에 대해 박수를 보냅니다. 제 경우는 하버드가 저를 "하버드의 가장 성공한 탈락자"라고 불러 준 것에 기쁠 뿐입니다. 짐작컨대 그것이 저를 제 자신의 특별 반, 탈락한 모든 사람 중 최고라는 최우수 졸업생으로 만들어 준 것 같습니다.

4

그러나 저는 Steve Ballmer를 경영대학에서 탈락하게 만든 사람으로 인정받길 바랍니다. 저는 나쁜 영향을 미치는 사람입니다. 그래서 제가 당신의 졸업식에 연설하도록 초대된 것입니다. 만일 제가 당신의 오리엔테이션에서 연설했더라면 더 적은 숫자가 오늘 여기 있었을 겁니다.

5

하버드는 제게 엄청난 경험이었습니다. 학문적 삶은 아주 멋졌죠. 저는 제가 신청하지 않은 많은 강의에 앉아 있곤 했습니다. 기숙사 생활도 멋졌죠. 저는 Radciffe에 Currier House에 살았습니다. 언제나 제 기숙사 방에는 늦게까지 토론하는 사람들이 많이 있었는데, 왜냐면 모두 다 내가 아침 일찍 일어날 필요가 없다는 것을 알고 있었기 때문이죠. 그래서 저는 반사교적 그룹의 리더가 되었습니다. 우리는 사교적인 사람들에 대한 우리의 거절을 증명하는 한 방편으로 서로 붙어 있었습니다.

6

Radcliffe는 살기 좋은 곳이었습니다. 거기에는 더 많은 여학생이 있었고 대부분은 수학이나 과학적 성향이었습니다. 제가 의미하는 바를 아신다면, 그런 조합은 최고의 가능성을 제공했죠. 그러나 거기서 가능성을 높이는 것이 결코 성공을 보장하지는 못한다는 슬픈 가르침을 배웠습니다.

7

하버드에서 가장 큰 기억 중 하나는 1975년 1월, 기숙사에서 Albuquerque에 있는 세계 최초의 개인 컴퓨터를 만드는 회사에 전화를 했을 때입니다. 저는 그들에게 소프트웨어를 팔겠다고 제안했습니다.

8

저는 그들이 제가 기숙사 생활을 하는 학생이라는 것을 알고 전화를 끊지 않을까 걱정했습니다. 그러나 그들은 이렇게 얘기했습니다: "우리는 아직 준비가 다 안 되었으니 한 달 후에 우리를 보러 오세요." 그것은 잘된 일이었는데, 왜냐면 우리는 아직 프로그램을 다 만들지 못했기 때문이었죠. 그 이후 저는 밤낮으로 이 작은 추가점수 프로젝트에 매달렸고, 그것으로 제 대학교육은 종말을 맞았습니다. 그리고 Microsoft의 놀라운 여정이 시작되었죠.

9

하버드에 대해 제가 기억하는 것은 무엇보다도 많은 에너지와 지성이 있었다는 것입니다. 그것은 아주 신나기도 했고 좀 겁나기도 했고, 때로는 심지어 낙담하기도 했습니다. 그러나 언제나 도전적이었죠. 그것은 제가 비록 일찍 떠나오긴 했지만 놀라운 특권이었습니다. 저는 하버드에서의 시간으로 인해, 사귄 친구들로 인해, 제가 할 일에 대한 아이디어로 인해 변화되었습니다.

10

그러나 진지하게 뒤 돌아보면....저는 한 가지 큰 후회를 가지고 있습니다. 저는 이 세상의 끔직한 불평등 – 더 악화되는 건강, 부, 수백만의 삶을 절망하게 하는 기회의 불평등 – 에 대한 진정한 인식 없이 하버드를 떠났습니다. 저는 하버드에서 경제와 정치에 대한 새로운 아이디어를 많이 배웠습니다. 또 과학분야의 발전도 많이 접했습니다.

11

그러나 인간성의 큰 진전은 그것의 발견에 있는 것이 아니라 이들 발견들이 불평등을 해소하는 데 어떻게 적용되는가에 있습니다. 민주주의를 통해서, 견고한 공공교육을 통해서, 질 좋은 의료보험을 통해서 혹은 광범위한 경제적 기회를 통해서 불평등을 줄이는 것이 최고의 인간 성취입니다.

12

저는 이 나라에서 수백만의 젊은이들이 교육기회를 빼앗기는 것을 모른 채 캠퍼스를 떠났습니다. 그리고 저는 개발도상국가의 수백만의 사람들이 말할 수 없는 빈곤과 질병 속에 사는 것을 몰랐습니다. 제가 그걸 알아차리는 데 수십 년이 걸렸습니다.

13

여러분 졸업생들은 다른 시기에 하버드에 왔습니다. 이전에 온 사람들보다 세계의 불평등에 대해 더 많이 알고 있습니다. 당신들이 여기 있는 동안, 저는 여러분이 이런 기술발전이 가속화되는 시대에 어떻게 우리가 이런 불평등의 문제를 해결할 수 있을지 생각해 볼 기회를 가지길 바랍니다.

14

단지 토론을 위해 한번 상상해 보세요. 당신이 좋은 일에 기부할 한달에 몇 달러, 혹은 일주일에 몇 시간을 갖고 있다면, 당신은 그 시간이나 돈을 삶을 개선하고 생명을 구하는 큰 영향력을 갖는 데에 쓰여지길 원할 겁니다. 그것을 어디에 쓰겠습니까? 멜린다와 제게도 과제는 똑같았습니다: 우리에게 있는 자원으로 어떻게 가능한 많은 사람들에게 가장 좋은 일을 할 수 있는지.

15

이 질문에 대해서 토론하는 중에 멜린다와 저는 우리나라에서는 오래전에 피해가 없게 된 홍역, 말라리아, 폐렴, 헤파티티스, 황열 등으로 가난한 나라에서는 매년 수백만의 어린이들이 죽어간다는 기사를 읽었습니다. 내가 이름도 들어보지 못한 로타 바이러스로 매년 50만 명의 아이들이 죽습니다. 미국에는 한 명도 없는데.

16

우리는 충격을 받았습니다. 만일 수백만의 아이들이 죽어가는데 이들을 구할 수 있다면 세계는 그 일을 최우선으로 해서 그들을 구할 약을 개발하고 나눠주어야 합니다. 그러나 그렇게 하지 않았습니다. 1달러 이하로 생명을 구할 수 있는데 단지 전달되지 않아서 생명을 구하지 못했습니다.

17

만일 당신이 모든 생명이 같은 가치를 가진다고 믿는다면, 어떤 생명은 구해줄 가치가 있고 또 다른 생명은 그렇지 않다는 것을 아는 것은 참으로 불편한 일입니다. 우리는 우리 자신에게 얘기합니다: "이것은 진실일리가 없다. 그러나 이것이 진실이라면, 우리의 베품에 우선순위가 될 자격이 있다." 그래서 우리는 여기 있는 어떤 이라도 시작했을 같은 방식으로 우리 일을 시작했습니다. 우리는 물었습니다: "어떻게 세계는 이 아이들을 죽게 둘 수 있는가?"

Vocabulary & Sentence Pattern

1. I've been waiting ~

현재완료 진행형 (과거부터 현재까지 계속되어온 행동이 지금 완료되었거나 지금도 계속되는 상황을 표현)

ex I've been waiting more than 30 years to say this: "Dad, I always told you I'd come back and get my degree." 이 말을 하기 위해 저는 30년 넘게 기다려왔습니다. "아버지, 제가 늘 말했잖아요. (학교로) 돌아와서 학위를 받겠다고."

ex "Oh, happy day!" Po's father exclaimed. "My son is finally having the noodle dream! You don't know how long I've been waiting for this moment. It's a sign!" "오! 기쁜 날!" 포의 아버지는 소리쳤다. "내 아들이 드디어 국수의 꿈을 갖게 되었구나! 내가 얼마나 오랫동안 이 순간을 기다려왔는지 너는 모른다. 이것은 하나의 게시야!"

ex She has been waiting anxiously for her assignment. 그녀는 그녀의 업무 배정을 기대에 차서 기다려왔다.

ex I have been reading this book since last Monday. 나는 지난 주 월요일부터 이 책을 읽어왔다.

ex I am tired because I have been running. 달리고 있었기 때문에 지금 피곤하다.

ex I have been waiting all the while. 지금까지 줄곧 기다리고 있었다.

ex I have been waiting two hours now. 지금 두 시간째 기다리고 있는 중이야.

ex I have been waiting to hear from you. 너에게서 소식이 오기를 기다리고 있었다.

ex We have been waiting for you for 2 hours. 우리는 너를 두 시간이나 기다리고 있다.

ex I have been waiting for him since 2 o'clock. 나는 그를 2시부터 기다리고 있다.

2. I was invited ~

수동태, be-Past Participle

ex That's why I was invited to speak at your graduation. If I had spoken at your orientation, fewer of you might be here today. 그것이 바로 내가 당신들의 졸업식에 연설하도록 초대받은 이유이다. 만일 당신들의 (대학 입학) 오리엔테이션에서 연설했다면 더 적은 수가 오늘 여기에 있었을 것이다.

ex I also want to be recognized as the guy who got Steve Ballmer to drop out of business school. 또한 나는 스티브 발머가 비즈니스 스쿨을 그만두게 한 사람으로 인정받기를 원한다.

ex I had purchased several books for a friend a couple of weeks ago and I was just informed that they have not yet arrived. 나는 친구를 위해 2주 전에 책 몇 권을 샀는데, 아직 도착하지 않았다고 들었습니다.

ex The books were mailed this Tuesday, so it should take a few more days for them to arrive. 그 책들은 이번 주 화요일에 발송되었고, 그래서 도착하기까지 며칠 더 걸릴 겁니다.

ex I thought they would be shipped sooner than Tuesday. 화요일보다는 더 일찍 발송될 거라 생각했는데요.

ex Actually the books were sold out and we had to wait for new inventiry to arrive. 사실은 그 책들이 품절되어서 새로 입고되기까지 기다려야 했습니다.

3. It could be exhilarating, intimidating, sometimes even discouraging.

형용사, adjectives, 어떤 사물이나 사람, 일의 상태를 묘사할 때 사용

ex My first parachute jump was an exhilarating experience. 내가 해 본 첫 낙하산 점프는 정말 신나는 경험이었다.

ex It was a new and exhilarating experience for her. 그것은 그녀에게는 새롭고 유쾌한 경험이었다.

ex This kind of questioning can be very intimidating to children. 이런 종류의 질문은 아동들에게 아주 겁나는 것이 될 수가 있다.

ex I find Mr. Kitson very intimidating. 난 킷슨 씨가 참 무서워요.

ex His intimidating aspect threatens many students. 그의 위협적인 모습은 많은 학생을 두렵게 한다.

ex Her criticisms had the effect of discouraging him completely. 그녀의 비판은 그의 사기를 완전히 꺾어 놓는 결과를 낳았다.

ex Business prospects are discouraging. 사업의 전망은 좋지 않다.

ex She has amazing powers of recall. 그녀는 놀라운 기억력을 지녔다.

ex It's amazing how quickly people adapt. 사람들이 얼마나 적응이 빠른지 놀랍다.

4. offer

ex That combination offered me the best odds. 그 조합은 저에게 가장 좋은 기회를 제공했다.

ex I offered to sell them software. 나는 그들에게 소프트웨어를 팔겠다고 제안했다.

ex The business consultant offered solution to the problem. 기업자문가는 그 문제에 대한 해결책을 제안했다.

ex The summit offers a panoramic view. 산 정상에서 전체 경치를 볼 수 있다.

단어 복습 문제 & 예문 찾기

(다음 단어와 제시된 예문의 뜻은? 자신의 예문도 하나 더 찾아보면 좋겠죠?)

1. applaud

ex I applaud the graduates today for taking a much more direct route to your degrees.

ex ....

2. phenomenal

ex Harvard was just a phenomenal experience for me.

ex ....

3. validating

ex We clung to each other as a way of validating our rejection of all those social people.

ex ....

4. guarantee

ex I learned the sad lesson that improving your odds doesn't guarantee success.

ex ....

5. challenging

ex It could be exhilarating, intimidating, sometimes even discouraging, but always challenging.

ex ....

6. inequity

ex I left Harvard with no real awareness of the awful inequities in the world.

ex ....

7. intervention

ex For under a dollar, there were interventions that could save lives that just weren't being delivered.

ex ....

8. resume

ex It will be nice to finally have a college degree on my resume.

ex ....

Love Someone_Lukas Graham

There are days, I wake up and I pinch myself

그런 날들이 있어, 잠에서 깨어 내 자신을 꼬집어 볼 때가 있어

You're with me, not someone else

너가 다른 사람이 아닌, 내 곁에 있네

And I'm scared, yeah, I'm still scared

그리고 난 두려워, 그래, 난 아직도 두려워

That it's all a dream, 'Cause you still look perfect as days go by

이 모든 게 꿈일까 봐, 왜냐면 넌 시간이 흘러도 여전히 완벽해 보이니까

Even the worst ones, you make me smile

아무리 안 좋은 날이어도 넌 날 웃게 만들어

I'd stop the world if it gave us time

우리에게 시간을 준다면 난 세상을 멈춰두고 싶어

Cause when you love someone, You open up your heart

누군가를 사랑할 때면 마음의 문을 열게 되지

When you love someone, You make room

누군가를 사랑할 때면 마음 한편에 공간을 내어주지

If you love someone, And you're not afraid to lose 'em

만일 너가 누군가를 사랑하는데, 그런데 그를 잃을까 봐 두렵지 않다면

You probably never loved someone like I do

아마 나처럼 누군가를 사랑해본 적이 없었던 거야

You probably never loved someone like I do

아마 나처럼 누군가를 사랑해본 적이 없었던 거야

Lukas Graham

Lukas Graham is a Danish pop band consisting of lead vocalist and multi-instrumentalist Lukas Forchhammer, bassist Magnus Larsson, and drummer Mark Falgren.

The band released their first album, Lukas Graham, with labels Copenhagen Records and Then We Take The World in 2012. The album peaked at number one on the Danish charts. Their second album was released in 2015 and earned international attention.

Lukas Graham's music has been described as a pop-soul hybrid. Journalist Jon Pareles of The New York Times described their sound as the place "where pop meets R&B."

Patrick Ryan of USA Today wrote that the band's songs "effortlessly blend elements of hip hop and folk." Lyrically, the songs often deal with relatable experiences like growing up poor ("Mama Said") or drinking ("Drunk in the Morning"). The band's most popular song, "7 Years," describes growing up and aging at specific points in life (from seven years old to 60).

Love Someone

This song is about someone who found the love of his love and this feeling is reciprocal, he sometimes thinks that what he is living is a dream.

He tells about how good the person is for him and he shows that he is happy with this person by his side. He also shows that this person is happy with him: "don't be scared cause you're all I need."

Basically he says that when you truly love, you never wanna lose the person. As you said, it was reciprocal. They both opened up their hearts. That's why it was worth it. But if it was one-sided, nothing will happen. That's it.

Part 2 **We can find a sustainable way to reduce inequity**

1

The answer is simple, and harsh. The market did not reward saving the lives of these children, and governments did not subsidize it. So the children died because their mothers and their fathers had no power in the market and no voice in the system. But you and I have both.

2

We can make market forces work better for the poor if we can develop a more creative capitalism – if we can stretch the reach of market forces so that more people can make a profit, or at least make a living, serving people who are suffering from the worst inequities. We also can press governments around the world to spend taxpayer money in ways that better reflect the values of the people who pay the taxes.

3

If we can find approaches that meet the needs of the poor in ways that generate profits for business and votes for politicians, we will have found a sustainable way to reduce inequity in the world.

This task is open-ended. It can never be finished. But a conscious effort to answer this challenge will change the world.

4

I am optimistic that we can do this, but I talk to skeptics who claim there is no hope. They say: "Inequity has been with us since the beginning, and will be with us till the end - because people just ··· don't ··· care." I completely disagree. I believe we have more caring than we know what to do with.

5

All of us here in this Yard, at one time or another, have seen human tragedies that broke our hearts, and yet we did nothing - not because we didn't care, but because we didn't know what to do. If we had known how to help, we would have acted. The barrier to change is not too little caring; it is too much complexity.

6

To turn caring into action, we need to see a problem, see a solution, and see the impact. But complexity blocks all three steps. Even with the advent of the Internet and 24-hour news, it is still a complex enterprise to get people to truly see the problems. When an airplane crashes, officials immediately call a press conference. They promise to investigate, determine the cause, and prevent similar crashes in the future.

7

But if the officials were brutally honest, they would say: "Of all the people in the world who died today from preventable causes, one half of one percent of them were on this plane. We're determined to do everything possible to solve the problem that took the lives of the one half of one percent."

8

The bigger problem is not the plane crash, but the millions of preventable deaths. We don't read much about these deaths. The media covers what's new – and millions of people dying is nothing new. So it stays in the background, where it's easier to ignore.

9

But even when we do see it or read about it, it's difficult to keep our eyes on the problem. It's hard to look at suffering if the situation is so complex that we don't know how to help. And so we look away. If we can really see a problem, which is the first step, we come to the second step: cutting through the complexity to find a solution.

10

Finding solutions is essential if we want to make the most of our caring. If we have clear and proven answers anytime an organization or individual asks "How can I help?" then we can get action – and we can make sure that none of the caring in the world is wasted. But complexity makes it hard to mark a path of action for everyone who cares — and that makes it hard for their caring to matter.

11

Cutting through complexity to find a solution runs through four predictable stages: determine a goal, find the highest-leverage approach, discover the ideal technology for that approach, and in the meantime, make the smartest application of the technology that you already have — whether it's something sophisticated, like a drug, or something simpler, like a bednet.

12

The AIDS epidemic offers an example. The broad goal, of course, is to end the disease. The highest-leverage approach is prevention. The ideal technology would be a vaccine that gives lifetime immunity with a single dose. So governments, drug companies, and foundations fund vaccine research. But their work is likely to take more than a decade, so in the meantime, we have to work with what we have in hand – and the best prevention approach we have now is getting people to avoid risky behavior.

13

Pursuing that goal starts the four-step cycle again. This is the pattern. The crucial thing is to never stop thinking and working – and never do what we did with malaria and tuberculosis in the 20th century – which is to surrender to complexity and quit.

14

The final step – after seeing the problem and finding an approach – is to measure the impact of your work and share your successes and failures so that others learn from your efforts.

15

You have to have the statistics, of course. You have to be able to show that a program is vaccinating millions more children. You have to be able to show a decline in the number of children dying from these diseases. This is essential not just to improve the program, but also to help draw more investment from business and government.

16

But if you want to inspire people to participate, you have to show more than numbers; you have to convey the human impact of the work – so people can feel what saving a life means to the families affected.

17

I remember going to Davos some years back and sitting on a global health panel that was discussing ways to save millions of lives. Millions! Think of the thrill of saving just one person's life – then multiply that by millions. ⋯ Yet this was the most boring panel I've ever been on – ever. So boring even I couldn't bear it.

18

What made that experience especially striking was that I had just come from an event where we were introducing version 13 of some piece of software, and we had people jumping and shouting with excitement. I love getting people excited about software – but why can't we generate even more excitement for saving lives?

19

You can't get people excited unless you can help them see and feel the impact. And how you do that – is a complex question. Still, I'm optimistic. Yes, inequity has been with us forever, but the new tools we have to cut through complexity have not been with us forever.

20

They are new – they can help us make the most of our caring – and that's why the future can be different from the past. The defining and ongoing innovations of this age – biotechnology, the computer, the Internet – give us a chance we've never had before to end extreme poverty and end death from preventable disease.

harsh: 가혹한, 냉혹한, harsh light 혹독한 시선, harsh judgment 가혹한 판결, harsh critic 혹독한 비평가, He regretted his harsh words. 그는 자신의 가혹한 말을 후회했다.

subsidize: 보조금을 주다, She's not prepared to subsidize his gambling any longer. 그녀는 더 이상 그의 도박 자금을 대어 줄 생각이 없다.

a more creative capitalism: 좀 더 창의적인 자본주의, capitalism 자본주의, He preached the virtues of capitalism to us. 그는 우리에게 자본주의의 미덕을 설파했다.

approaches: 문제 해결 방법, (문제해결을 위한) 접근 방법, a more flexible approach 더 신축성 있는 방법, We can find approaches. 우리는 방법들을 찾을 수 있다. Their approach to life is refreshingly naive. 삶에 대한 그들의 접근법은 신선할 정도로 순진무구하다.

sustainable way: 지속가능한 방법, sustainable economic growth 오랫동안 지속 가능한 경제 성장, sustainable forest management 지속 가능한 숲 관리, an environmentally sustainable society 환경 측면에서 지속 가능한 사회

open-ended: 제약[제한]을 두지 않은, 조정이 가능한, 한도가 없는, (=unlimited, wide-open; indefinite) open-ended question 주관식 질문

conscious effort: 의식적인 노력, conscious 의식하는, 자각하는, 의도적인, I made a conscious effort to get there on time. 나는 시간 맞춰 거기에 도착하기 위해 의식적으로 노력을 했다.

skeptic: 회의론자, 의심 많은 사람, 회의적인, It was so biased in favour of the environmental sceptic position. 그것은 환경 회의론자 입장에 유리하도록 너무 편향되었다.

claim: (…이 사실이라고) 주장하다, I don't claim to be an expert. 제가 전문가라고 주장하는 것은 아닙니다.

caring: 배려, 돌봄, to turn caring into action (배려) 보살핌을 행동으로

with the advent of: ~의 도래(출현)으로(에 따라), Since the advent of the Internet, the world has become much closer. 인터넷의 출현으로 세계는 훨씬 가까워졌다. Since the advent of jet aircraft, travel has been sped-up. 제트기의 출현 이후 여행이 가속화되었다.

preventable: 막을 수 있는, 예방할 수 있는, preventable cause 예방할 수 있는 원인, preventable diseases / accidents 예방 가능한 질병/사고, If we had been more careful, the accident could have been preventable. 더 주의했었다면 그 사고는 예방할 수 있었다. The good news is that malaria is easily treatable and preventable. 좋은 소식은 말라리아를 쉽게 치료할 수 있고 예방할 수 있다는 것이다.

cutting through: 가르다, cut through complexity 복잡함을 뚫다, cut through woods 숲속을 뚫고 지나가다, This new kitchen cleaner is formulated to cut through grease and dirt. 이 새로운 주방 세제는 기름기와 때를 잘 없앨 수 있도록 만들어진 것이다.

run through: ~를 살펴보다, 죽 훑어보다, 관통하다, Could we run through your proposals once again? 당신의 제안들을 빨리 한 번 더 살펴볼까요?

highest-leverage approach: 가장 효과가 높은 해결 방법, leverage 지렛대

lifetime immunity: 평생 면역력, lifetime prison sentence 종신형, 무기징역, lifetime employment 종신 고용, a lifetime of experience 일생에 한 번 하는 경험

surrender: 항복[굴복]하다, 투항하다, 격식 (권리 등을) 포기하다, unconditional surrender 무조건 항복, The rebel soldiers were forced to surrender. 반란군들은 어쩔 수 없이 항복해야 했다.

inspire: 고무하다, 격려하다, 영감을 주다, To inspire my conflictual independence, I am attending a mental clinic these days. 갈등적 독립심을 불러일으키기 위해 나는 요즘 정신과를 다니고 있다.

convey: (생각·감정 등을) 전달하다, 실어 나르다, 운반[수송]하다, Please convey my apologies to your wife. 부인께 부디 제가 사과드린다고 전해 주세요.

지문 해석

1

답은 간단하고 혹독합니다. 시장은 이들 어린이들을 구하는 데 보상하지 않고 정부도 그것을 보조하지 않습니다. 그리하여 그들의 부모가 시장에 영향력이 없고 시스템에 목소리를 낼 수 없기 때문에 아이들은 죽습니다. 그러나 여러분과 저는 (시장이나 시스템에) 영향력이 있습니다.

2

만일 우리가 좀 더 정교한 자본주의를 발전시키면 시장은 더 잘 작동될 수 있습니다 - 만일 우리가 시장의 영향력 범위를 넓힌다면 더 많은 사람들이 이윤을 만들 수 있습니다. 혹은 적어도 최악의 불평등으로 고통받는 삶들이 생활할 수 있도록 할 수 있습니다. 또한 우리는 여러 나라의 정부들에게 세금을 내는 사람들의 가치를 더 잘 반영하는 방식으로 세금을 쓰도록 압박할 수 있습니다.

3

만일 우리가 사업자에게는 이윤을, 정치가에게는 표를 줄 수 있는 방식으로 가난한 사람들의 필요를 충족시킬 방안을 발견할 수 있다면, 우리는 이 세상의 불평등을 줄일 수 있는 지속가능한 방법을 발견할 수 있습니다. 이 과제는 끝이 열려있습니다. 결코 끝날 수 없습니다. 그러나 이 도전에 답을 찾기 위한 의도적인 노력은 세상을 바꿀 수 있습니다.

4

저는 우리가 이것을 할 수 있다고 낙관합니다. 희망이 없다고 주장하는 비관론자들에게 저는 말합니다. 그들은 "불평등은 처음부터 있어왔고 마지막까지 우리와 함께 할 것이다. 왜냐면 사람들은 상관하지 않기 때문이다." 저는 이에 대해 전적으로 동의하지 않습니다. 저는 우리가 알고 있는 것보다 더 많은 사랑을 갖고 있다고 생각합니다.

5

여기 있는 우리 모두 때때로 우리의 가슴을 아프게 하는 인간 비극을 보아 왔습니다만 우리는 아무것도 하지 않았습니다. 그것은 우리가 신경쓰지 않아서가 아니고 무엇을 해야 할지 몰라서였습니다. 만일 우리가 어떻게 도울지 안다면 우리는 행동할 것입니다. 변화를 위한 장애는 관심이 부족해서가 아니고 너무 복잡해서입니다.

6

관심이나 사랑을 행동으로 바꾸기 위해서는 우리는 문제가 무엇인지, 해결책은 무엇인지, 그 영향력은 무엇인지 볼 필요가 있습니다. 그러나 복잡함이 이 세 단계를 막아섭니다. 인터넷과 24시간 뉴스의 출현에도 불구하고 사람들이 그 문제를 제대로 보게 하는 것은 복잡한 일입니다. 비행기가 추락했을 때 공무원은 즉시 기자회견을 합니다. 그들은 조사하고 원인을 밝히고 앞으로 비슷한 추락을 방지하겠다고 약속합니다.

7

그러나 만일 공무원들이 진짜 솔직하다면 그들은 말할 것입니다: "예방할 수 있는 원인으로 죽은 사람들 중에서 오늘 비행기에 있었던 사람은 0.5%입니다. 우리는 이 0.5% 사람의 목숨을 앗아간 문제를 풀기 위해 우리는 모든 것을 다하겠습니다."

8

더 큰 문제는 비행기 추락이 아니고 예방 가능한 수백만의 죽음입니다. 우리는 이들 죽음에 대해서는 별로 읽지 않습니다. 방송은 새로운 것을 다루게 되는데 수백만의 죽음은 새로운 일이 아닙니다. 그래서 그것은 뒤쪽에 밀리고 무시되기 쉽습니다.

9

그러나 우리가 그것에 대해 보거나 읽을 때조차도 그 문제에 집중하기 어렵습니다. 만일 상황이 복잡하여 우리가 어떻게 도울지 모르면 고통을 보기 어렵습니다. 그래서 우리는 지나쳐버립니다. 우리가 진정 문제를 볼 수 있다면 그것은 첫 번째 단계가 됩니다. 우리는 두 번째 단계로 갈 수 있습니다: 해결책을 찾기 위해 복잡함을 해결하는 것입니다.

10

우리의 걱정, 관심을 최고로 만들기 원한다면 해결책을 찾는 것이 필수적입니다. 만일 우리가 기관이나 개인이 "어떻게 도울까요?"라고 물을 때 언제든 명확하고 증명된 답을 준다면 우리는 이 세상 어떤 관심도 허비되지 않게 할 수 있습니다. 그러나 복잡함이 관심을 갖는 사람들의 행동 방안을 보여주는 것을 어렵게 하고 결국 그것은 그들의 관심이 관련되기 어렵게 만듭니다.

11

해결책을 찾기 위해 복잡함을 해결하는 것은 예측 가능한 4단계를 관통합니다: 목표를 결정하고 최고의 방법을 찾습니다. 그 방법에 대한 이상적 기술을 발견합니다. 그리고 우선은 이미 갖고 있는 기술을 현명하게 적용합니다. - 약물 같은 좀 세련된 방법이거나 모기장 같은 보다 단순한 것이든.

12

에이즈의 전 세계 확산이 그 예입니다. 물론 광범위한 목표는 이 질병을 끝내는 것입니다. 가장 효과적인 방법은 예방입니다. 이상적인 기술은 단 한번의 주사로 평생 면역을 주는 백신일 것입니다. 따라서 정부, 제약회사, 그리고 재단은 백신개발을 하게 됩니다. 그러나 그들의 일은 10년 이상 걸릴 것입니다. 그래서 우선은 우리가 현재 갖고 있는 것으로 일해야 합니다. 그리고 우리가 갖고 있는 최고의 예방책은 사람들이 위험한 행동을 피하도록 하는 것입니다.

13

목표 달성을 위해 4단계 사이클을 다시 시작합니다. 이것은 하나의 패턴입니다. 중요한 것은 생각하고 일하는 것을 멈추지 않는 것이고 20세기에 말라리아나 결핵에서와 같은 일을 절대 반복하지 않는 것입니다. - 그때 복잡함에 굴복하여 포기했었던.

14

마지막 단계 - 문제를 보고 방법을 발견한 후 - 는 당신의 일의 영향력을 측정하고 당신의 성공과 실패를 공유하여 당신의 노력으로부터 다른 사람들이 배우도록 합니다.

15

물론 통계를 가지고 있어야 합니다. 한 프로그램이 수백만의 아이들에게 백신을 주사할 수 있음을 보여줄 수 있어야 합니다. 이들 질병으로 인해 죽어가는 아이들 숫자가 줄어드는 것을 보여줄 수 있어야 합니다. 이것은 프로그램을 향상시키기 위해서뿐만 아니라 사업가나 정부로부터 더 많은 투자를 얻어내기 위해 꼭 필요합니다.

16

그러나 만일 더 많은 사람들이 참여하도록 고무시키길 원한다면 숫자 이상을 보여주어야 합니다: 그 일의 인간적 영향력을 전달해야 합니다. - 그래서 사람들이 생명을 구하는 것이 이들 가족들에게 어떤 의미를 갖는지를 느낄 수 있게 해야 합니다.

17

저는 몇 년 전에 다보스에서 수백만의 생명을 구하는 방안을 논의하는 세계 건강 패널로 앉아 있었던 것을 기억합니다. 수백만! 단 한 사람의 생명을 구하는 기쁨을 생각해 보세요 – 그리고 수백만을 곱해 보세요. 그러나 그것은 내가 참여했던 가장 지루한 패널이었습니다. 너무 지루해서 참을 수가 없었습니다.

18

그 경험이 특별히 충격적이었던 것은 제가 어떤 소프트웨어의 버전 13을 소개하는 이벤트에서 방금 돌아왔던 때문이기도 했습니다. 우리는 사람들을 흥분으로 소리지르며 뛰도록 만들었습니다. 저는 사람들이 소프트웨어로 흥분하게 하는 것을 좋아합니다. – 그러나 왜 우리가 생명을 구하는 더 큰 기쁨을 자아내지 못합니까?

19

사람들이 그 영향력을 보고 느끼도록 돕지 않으면 우리는 사람들을 기쁨에 흥분하게 하지 못합니다. 그리고 어떻게 그렇게 하는가는 복잡한 질문이죠. 아직도 저는 긍정적입니다. 그렇습니다. 불평등은 우리와 오랫동안 함께 해 왔습니다. 그러나 복잡함을 해결할 새로운 도구들은 우리와 오랫동안 함께 해오지 않았습니다.

20

그것은 새로운 것이고 우리의 관심을 최고로 만들도록 도와줄 수 있습니다. 그래서 미래는 과거와는 달라질 것입니다. 이 시대의 혁신들 – 생명기술, 컴퓨터, 인터넷 – 은 우리에게 이전에 절대 갖지 못했던, 극심한 빈곤을 끝내고, 예방가능한 질병으로부터의 죽음을 끝낼 수 있는 기회를 줍니다.

Vocabulary & Sentence Pattern

1. work

ex   We can make market forces <u>work better for the poor</u> if we can develop a more creative capitalism. 우리가 좀 더 창의적인 자본주의를 개발한다면 가난한 사람들을 위해 시장이 더 좋게 작동하게(효과를 발휘하게) 할 수 있다.

ex   <u>Fear always works</u>. I'll dart every predator in Zootopia to keep it that way. 공포는 언제나 통하지. 나는 그렇게 계속되도록 하기 위해 주토피아의 모든 포식자들을 쏠 것이다.

ex   Hinges <u>work better</u> with oil. 오일을 쳐주면 경첩이 잘 작동한다.

ex   The plan which we made during the workshop <u>will work</u>. 워크숍 동안에 우리가 만들었던 계획은 효과를 발휘할 거야.

ex   These Samsung cards <u>work well</u> and are nearly half off. 이 삼성 카드는 잘 작동하고 게다가 거의 반값이다.

2. get

ex   Even with the advent of the Internet and 24-hour news, it is a complex enterprise to <u>get people to truly see the problems</u>. 인터넷과 24 시간 뉴스의 출현에도 불구하고 사람들이 그 문제를 진짜로 보게 하는 것은 매우 복잡하고 어려운 일이다.

ex   In the meantime, we have to work with what we have in hand – and the best prevention approach we have now is <u>getting people to avoid risky behavior</u>. 당분간 우리는 현재 우리가 갖고 있는 것으로 일해야 하고, 우리가 지금 갖고 있는 가장 좋은 예방책은 사람들이 위험한 행동을 피하도록 하는 것이다.

ex I like <u>getting people excited</u> about software. 나는 소프트웨어로 사람들을 기쁘게 하는 것을 좋아한다.

ex Our first priority is <u>getting people to evacuate</u> this dangerous area. 우리의 최우선 과제는 사람들이 이 위험한 지역에서 대피하게 하는 것이다.

ex Now that we've <u>gotten the paperwork all filled out</u>, I'll give you your car keys. 이제 서류를 다 작성했으니 차 열쇠를 드리겠습니다.

ex There is a big difference between the tourist prices and local prices, so if you want to buy something here and have a porter or a guide, <u>get them to make the purchase</u> for you. 여행객의 물가와 현지인의 물가에 큰 차이가 있기 때문에 여기서 뭔가 사려 할 때는 당신의 가이드나 짐꾼에게 사달라고 해라.

ex I promise you that I'll <u>get your order printed</u> until tomorrow morning. 내일 아침까지 당신의 주문을 프린트해 놓겠다고 약속드리겠습니다.

3. inequity

ex They are <u>suffering from the worst inequities</u>. 그들은 최악의 불평등으로부터 고통받고 있다.

ex We will have found a sustainable way to <u>reduce inequity in the world</u>. 우리는 세계의 불평등을 줄이기 위해 지속가능한 방법을 발견할 것이다.

ex <u>Inequity has been with us</u> since the beginning, and will be with us till the end. 불평등은 처음부터 우리와 함께 있었고 마지막까지 우리와 함께 할 겁니다.

ex <u>Inequity has been with us forever</u>, but the new tools we have to cut through complexity have not been with us forever. 불평등은 오랫동안 우리와 함께 해 왔으나 복잡함을 제거해야 할 새로운 도구는 그간 우리와 함께하지 않았다.

ex Nobel laureates meeting in Jordan have urged the international community to address issues of inequity and injustice, which they say are the root causes of terrorism. 요르단에서 모임을 갖고 있는 노벨상 수상자들은 불평등과 정의의 부재 등이 테러발생의 근원이라고 지적하고 이들 문제에 대처할 것을 국제사회에 촉구했습니다.

ex Perhaps it is time for the government to rectify the inequity. 어쩌면 이 불평등을 바로잡기 위해 정부가 나설 때일지 모른다.

4. cut through, run through,

ex Cutting through complexity to find solution runs through four predictable stages. 해결책을 찾기 위한 복잡함 제거에는 4단계의 예측가능한 단계를 살펴봐야 한다.

ex Could we run through your proposals once again? 당신의 제안들을 빨리 한 번 더 살펴볼까요?

ex He felt a cold shiver of fear run through him. 그는 두려워서 차가운 전율이 몸을 관통하는 느낌이었다.

ex Put the coffee in the filter and let the water run through. 커피를 필터 안에 넣고 물이 그 사이로 흘러내리게 하라.

ex This new kitchen cleaner is formulated to cut through grease and dirt. 새로운 주방 세제는 기름기와 때를 잘 없앨 수 있도록 만들어진 것이다.

ex You need a powerful saw to cut through metal. 금속을 자르려면 강력한 톱이 있어야 한다.

ex They used a machete to cut through the bush. 그들은 큰 칼을 써서 잡목 사이로 길을 만들었다.

ex The canoe cut through the water. 카누가 물살을 갈랐다.

단어 복습 문제 & 예문 찾기
(다음 단어와 제시된 예문의 뜻은? 자신의 예문도 하나 더 찾아보면 좋겠죠?)

1. poverty

   ex   Bad housing, debt and poverty are interconnected.

   ex   ....

2. inequity

   ex   We will find a sustainable way to reduce inequity in the world.

   ex   ....

3. skeptic

   ex   The fact that a believer is happier than a skeptic is no more to the
point than the fact that a drunken man is happier than a sober one.

   ex   ....

4. tragedy

   ex   All of us have seen human tragedies that broke our heart and yet we
did nothing.

   ex   ....

5. cut through

ex If we can really see a problem, which is the first step, we come to the second step: cutting through the complexcity to find a solution.

ex ....

6. sophisticated

ex Mark is a smart and sophisticated young man.

ex ....

7. inspire

ex Her work didn't exactly inspire me with confidence.

ex ....

8. preventable

ex If we had been more careful, the accident could have been preventable.

ex ....

refresh with pop song

From Now On _Hue Jackman(The Greatest Showman)

I drank champagne with kings and queens

나는 왕과 여왕과 샴페인을 마셨다

The politicians praised my name

정치인들은 내 이름을 찬양했지

But those are someone else's dreams

하지만 그건 다른 이들의 꿈이야

The pitfalls of the man I became

난 함정에 빠졌지

For years and years, I chased their cheers

여러 해 동안 그들의 환호를 따라갔지

The crazy speed of always needing more

미친 듯이 달렸지

But when I stop, And see you here, I remember who all this was for
그런데, 멈추어서 여기 그대들을 보니, 이 모든게 누굴 위한 일이었는지 기억이 난다

And from now on, These eyes will not be blinded by the lights
그리고 지금부터는, 내 눈은 불빛에 눈멀지 않으리

From now on, What's waited'til tomorrow starts tonight
지금부터는, 내일로 미뤘던 일들을 오늘 밤 시작하리라

It starts tonight, And let this promise in me start
오늘 밤 시작하리라, 이 약속을 시작하리라

Like an anthem in my heart
내 마음 속 축가처럼

Hue Jackman

Hugh Michael Jackman AC (born 12 October 1968) is an Australian actor. Beginning in theatre and television, he landed his breakthrough role as James "Logan" Howlett / Wolverine in the 20th Century Fox X-Men film series (2000-2017), a role that earned him the Guinness World Record for "longest career as a live-action Marvel character," until his record was surpassed in 2021.

Jackman has received various awards including two Tony Awards, a Grammy Award, a Emmy Award and a Golden Globe Award.

As a philanthropist, Jackman is a longtime proponent of microcredit – the extension of very small loans to prospective entrepreneurs in impoverished countries.

He is a vocal supporter of Muhammad Yunus, microcredit pioneer and the 2006 Nobel Peace Prize winner.

Jackman has a keen interest in sports. In high school, he played rugby union and cricket, took part in high jumping and was on the swimming team. He enjoys basketball and kayaking.

Jackman is a multi-instrumentalist. He plays the guitar, piano and violin. He also does yoga and has been a member of the School of Practical Philosophy since 1992.

The Greatest Showman

The Greatest Showman is a 2017 American biographical musical drama film. The film is based on the story and life of P.T. Barnum, a famous showman and entertainer, and his creation of the Barnum & Bailey Circus and the lives of its star attractions.

Part 3 **From those to whom much is given, much is expected**

1

Sixty years ago, George Marshall came to this commencement and announced a plan to assist the nations of post-war Europe. He said: "I think one difficulty is that the problem is one of such enormous complexity that the very mass of facts presented to the public by press and radio make it exceedingly difficult for the man in the street to reach a clear appraisement of the situation. It is virtually impossible at this distance to grasp at all the real significance of the situation."

2

Thirty years after Marshall made his address, as my class graduated without me, technology was emerging that would make the world smaller, more open, more visible, less distant. The emergence of low-cost personal computers gave rise to a powerful network that has transformed opportunities for learning and communicating.

3

The magical thing about this network is not just that it collapses distance and makes everyone your neighbor. It also dramatically increases the number of brilliant minds we can have working together on the same problem – and that scales up the rate of innovation to a staggering degree.

4

At the same time, for every person in the world who has access to this technology, five people don't. That means many creative minds are left out of this discussion — smart people with practical intelligence and relevant experience who don't have the technology to hone their talents or contribute their ideas to the world.

5

We need as many people as possible to have access to this technology, because these advances are triggering a revolution in what human beings can do for one another. They are making it possible not just for national governments, but for universities, corporations, smaller organizations, and even individuals to see problems, see approaches, and measure the impact of their efforts to address the hunger, poverty, and desperation George Marshall spoke of 60 years ago.

6

Members of the Harvard Family: Here in the Yard is one of the great collections of intellectual talent in the world. What for? There is no question that the faculty, the alumni, the students, and the benefactors of Harvard have used their power to improve the lives of people here and around the world. But can we do more? Can Harvard dedicate its intellect to improving the lives of people who will never even hear its name?

7

Let me make a request of the deans and the professors – the intellectual leaders here at Harvard: As you hire new faculty, award tenure, review curriculum, and determine degree requirements, please ask yourselves: Should our best minds be dedicated to solving our biggest problems?

8

Should Harvard encourage its faculty to take on the world's worst inequities? Should Harvard students learn about the depth of global poverty ⋯ the prevalence of world hunger ⋯ the scarcity of clean water ⋯ the girls kept out of school ⋯ the children who die from diseases we can cure?

9

Should the world's most privileged people learn about the lives of the world's least privileged? These are not rhetorical questions – you will answer with your policies.

10

My mother, who was filled with pride the day I was admitted here – never stopped pressing me to do more for others. A few days before my wedding, she hosted a bridal event, at which she read aloud a letter about marriage that she had written to Melinda. My mother was very ill with cancer at the time, but she saw one more opportunity to deliver her message, and at the close of the letter she said: "From those to whom much is given, much is expected."

11

When you consider what those of us here in this Yard have been given – in talent, privilege, and opportunity – there is almost no limit to what the world has a right to expect from us.

12

In line with the promise of this age, I want to exhort each of the graduates here to take on an issue – a complex problem, a deep inequity, and become a specialist on it. If you make it the focus of your career, that would be phenomenal. But you don't have to do that to make an impact.

13

For a few hours every week, you can use the growing power of the Internet to get informed, find others with the same interests, see the barriers, and find ways to cut through them. Don't let complexity stop you. Be activists. Take on the big inequities. It will be one of the great experiences of your lives.

14

You graduates are coming of age in an amazing time. As you leave Harvard, you have technology that members of my class never had. You have awareness of global inequity, which we did not have. And with that awareness, you likely also have an informed conscience that will torment you if you abandon these people whose lives you could change with very little effort. You have more than we had; you must start sooner, and carry on longer.

15

Knowing what you know, how could you not? And I hope you will come back here to Harvard 30 years from now and reflect on what you have done with your talent and your energy. I hope you will judge yourselves not on your professional accomplishments alone, but also on how well you have addressed the world's deepest inequities … on how well you treated people a world away who have nothing in common with you but their humanity.

Good luck.

Notes

a plan to assist the nations: 국가들을 도울 계획, assist 돕다(=help, aid), assistant 조수, 보조원, assistance 도움, 원조, 지원, Anyone willing to assist can contact this number. 기꺼이 도움을 주실 분들은 이 번호로 연락하시면 됩니다.

exceedingly difficult: 아주 어렵다, exceedingly 극도로, 대단히(=extremely, strikingly), exceed 넘다, 초과하다, 초월하다, It is an exceedingly hard job. 그것은 매우 어려운 일이다.

a clear appraisement of the situation: 그 상황에 대한 명확한 평가, appraisement 평가, appraise 살피다, 뜯어 보다, 평가하다, What is the property's appraised value? 그 부동산의 평가액은 얼마인가?

virtually impossible: 사실상 불가능한, virtually 사실상의, 거의 ~와 다름없는 (=nearly, almost), virtually fat-free yogurt 지방이 거의 없는 요구르트

emerging: 최근 생겨난, 최근에 만들어진, emerge 생겨나다, 부상하다, 부각되다, (어둠 속이나 숨어 있던 곳에서) 나오다, 모습을 드러내다, the newly emerging power 신흥세력, emerging market 신흥시장, emerging industry 신흥 산업

collapse: 붕괴하다, 무너지다(= crumble, fall apart, crash), The peace talks were on the verge of collapse. 평화 회담이 결렬될 위기에 놓여 있었다. The bridge is liable to collapse at any moment. 그 다리는 금방이라도 내려앉을 것 같다.

innovation: 혁신, 쇄신, an age of technological innovation 기술 혁신 시대

staggering degree: 충격적일 정도로, 믿기 어려울 정도로, staggering 충격적인, 믿기 어려운, a staggering trade deficit 엄청난 무역 적자

access to this technology: 이 기술에 접근하다, access 접속하다, 가까이 가다, access to the system 시스템에 접속, right to access to all the facilities 그 모든 시설을 이용할 권리

desperation: 자포자기, 필사적임, I can feel your desperation. 당신의 절박함이 느껴진다.

alumni: 동창들, an alumni reunion (모임) 동창회

benefactor: (학교 · 자선단체 등의) 후원자, a generous benefactor 후한 기부자

dedicate: 헌신하다 = devote, dedication 헌신, 전념 = commitment, I dedicate this honor to my parents. 이 영광을 저희 부모님께...

intellect: 지적 능력, 지력, a man of considerable intellect 지적 능력이 상당한 남자, intellectual 지적인, 이지적인

prevalence: 널리 퍼짐, 유행, prevail 만연하다, 팽배하다, prevalent 만연한, 널리 퍼져있는, = common, widespread

privileged people: 특권층, priviledge (특정 개인단체가 갖는) 특전[특혜]

rhetorical question: 수사적인 질문들, rhetorical 미사여구식의, 과장이 심한, rhetoric 미사여구 = eloquence, He uses too many rhetorical expressions. 그는 수사적인 표현을 지나치게 많이 사용한다.

exhort: 촉구하다 = urge, exhort somebody to action …에게 행동하도록 타이르다

torment: 고통을 안겨주다, torture and torment 고문과 고뇌, 고문하고 괴롭히다, mental torment 정신적 고통

abandon: (특히 돌볼 책임이 있는 사람을) 버리다[떠나다/유기하다], Snow forced many drivers to abandon their vehicles. 눈 때문에 많은 운전자들이 차를 버리고 가야 했다.

professional accomplishment: 직업적 성취, proffesion 직업, 전문직, These garments are intended for professional sports people. 이 의류는 전문 스포츠인들을 위해 만들어진 것이다.

humanity: 인간성, 인간애, The massacre was a crime against humanity. 그 대량 학살은 반인륜적인 범행이었다.

지문 해석

1

60년 전, George Marshall이 하버드 졸업식에 와서 전후 유럽 나라들을 돕는 계획을 알렸습니다. 그는 이렇게 말했습니다: "어려운 점 중 하나는 그 문제가 엄청나게 복잡하다는 것입니다. 신문이나 라디오를 통해 제시되는 사실의 분량이 일반인들에게 상황을 명확하게 평가하도록 하는 것을 매우 어렵게 합니다. 상황의 진짜 중요함을 파악하는 것은 거의 불가능합니다."

2

Marshall 이 연설한 30년 후, 저 없이 제 학번들이 졸업할 때, 세상을 더 작게 만들고, 더 개방하게 만들고, 더 볼 수 있게 하고, 덜 멀게 만드는 기술이 출현하였습니다. 저렴한 개인 컴퓨터는 배우고 서로 소통하는 기회를 주는 강력한 네트워크를 만들어 주었습니다.

3

이 네트워크의 마법은 거리만을 없애는 것이 아니고, 모든 사람들을 당신의 이웃으로 만듭니다. 그리고 같은 문제를 두고 함께 일할 뛰어난 사람들의 수를 놀랄 만큼 늘려주고 혁신의 속도를 현기증 날 만큼 빠르게 합니다.

4

동시에 이 기술에 접근 가능한 사람 1명당 5명은 그렇지 않습니다. 그것은 많은 창조적인 사람들이 이 토론에 참여하지 못한다는 것을 의미합니다. - 그들의 재주를 연마하거나 세상에 그들의 아이디어를 공헌할 기술을 갖지 못한, 실질적인 지성과 관련된 경험이 있는 영리한 사람들

5

가능한 많은 사람들이 이 기술에 접근할 필요가 있습니다. 왜냐하면 이 진전은 인간이 서로를 위해서 할 수 있는 일에 혁명을 촉발시키기 때문입니다. 그들은 국가 정부를 위해서 뿐 아니라 대학, 회사, 작은 조직들, 그리고 심지어 개인에게까지, George Marshall이 60년 전에 얘기한 굶주림, 가난, 절망의 문제를 보게 하고 방법을 보게 하고 그에 대한 그들의 노력의 효과를 측정할 수 있게 해줍니다.

6

하버드 가족 여러분, 여기 하버드는 세상에서 가장 뛰어난 지성의 집합체입니다. 무엇을 위해서입니까? 교수님, 동창 여러분, 학생들, 그리고 하버드의 후원자들이 전 세계 사람들의 삶을 향상시키기 의해 그들의 힘을 사용했다는 것은 의문의 여지가 없습니다. 그러나 우리가 더 할 수 있지 않겠습니까? 하버드가 하버드란 이름도 들어보지 못한 사람들의 삶을 향상시키기 위해 그의 지성을 헌신할 수 있지 않겠습니까?

7

하버드 지성의 지도자이신 학장님과 교수님들께 한 가지 부탁하겠습니다. - 당신이 새로운 교수를 뽑을 때, 정년보장을 줄 때, 교과과정을 검토할 때, 그리고 학위 요구사항을 결정할 때, 당신 자신에게 물어봐 주십시오. 우리의 제일 우수한 사람들이 우리의 가장 큰 문제를 푸는 데 헌신해야 하지 않을까? 하고요.

8

하버드대학은 교수진에게 세계의 가장 심한 불평등을 떠맡으라고 해야 하지 않을까요? 하버드 학생들이 세계 빈곤의 깊이와 굶주림의 만연, 깨끗한 물의 부족, 학교 가지 못하는 소녀들, 우리는 치료할 수 있는 병으로 죽어가는 아이들에 대해 더 배워야 하지 않을까요?

9

세상에서 가장 큰 특권을 가진 사람들이 가장 적게 특권을 가진 사람들의 삶에 대해 배워야 하지 않겠습니까? 이것은 수사적인 질문이 아닙니다. 당신은 당신의 정책으로서 대답해야 합니다.

10

제가 이 대학에 합격했을 때 자부심으로 가득 찬 저의 어머니께서는 다른 사람을 위해 뭔가 더하라고 늘 저를 압박하셨습니다. 제 결혼식 며칠 전, 어머니는 신부파티를 주관하셨는데 거기서 멜린다에게 쓴 결혼에 대한 편지를 큰 소리로 읽으셨습니다. 저의 어머니는 그 당시 암으로 매우 편찮으셨는데 그녀는 메시지를 전할 또 한 번의 기회를 발견하고는 편지 마지막에 이렇게 쓰셨습니다: "많은 것을 받은 사람에게는 많은 것이 기대된다."

11

여기 하버드대학에 있는 우리들이 받은 것을 생각할 때 – 재능, 특권, 기회 등 – 세상이 우리에게 기대할 권리에는 거의 한계가 없습니다.

12

이 시대의 약속에 따라서, 저는 졸업생 여러분께 복잡한 문제, 깊은 불평등과 같은 문제를 떠맡아서 그에 대한 전문가가 되기를 촉구하고 싶습니다. 만일 당신이 그것을 당신 커리어의 중심으로 만들면 그것은 아주 경이로울 것입니다. 그러나 당신이 어떤 영향을 미치기 위해 할 필요는 없습니다.

13

매주 몇 시간, 정보를 얻기 위해 인터넷을 사용할 수 있고, 같은 관심을 갖는 다른 사람들을 찾을 수도 있고, 장애를 발견하고 그것을 뚫고 나갈 방법을 발견할 수도 있습니다. 복잡함이 당신을 멈추게 하지 마십시오. 활동가가 되십시오. 커다란 불평등을 떠맡으세요. 그것은 당신 삶의 큰 경험이 될 것입니다.

14

졸업생 여러분은 놀라운 시대를 살게 될 겁니다. 여러분이 하버드를 떠날 때 우리 학번이 갖지 못한 기술을 가지고, 우리가 알지 못했던 세계의 불평등에 대해 알게 될 겁니다. 그런 지식으로 인해 당신의 작은 노력으로 삶을 바꿀 수 있는 사람들을 내팽개 친다는 괴로움을 가질 수도 있습니다. 여러분은 우리 세대보다 더 많이 가졌습니다: 더 빨리 시작해야 하고 그러면 더 오래 할 수 있습니다.

15

당신이 알고서 어떻게 안 할 수 있겠습니까? 여러분이 30년 후 여기 하버드에 돌아와서 당신의 재능과 에너지로 당신이 했던 일을 반추해보길 바랍니다. 저는 여러분이 직업적 성취에서 뿐 아니라 세상의 깊은 불평등에 어떻게 대처했나, 인간성 외에 우리와 공통된 부분이 하나도 없는 먼 나라 사람들에게 얼마나 잘 했는가에 의해서 당신 자신을 판단해보길 바랍니다.

여러분 모두 행운을 빕니다.

Vocabulary & Sentence Pattern

1. as ~ as possible

ex We need <u>as many people as possible</u> to have access to this technology. 우리는 가능한 더 많은 사람들이 이 기술에 접근(이 기술을 이용)하도록 할 필요가 있다.

ex She blew her nose <u>as daintily as possible</u>. 그녀는 최대한 조심스럽게 코를 풀었다.

ex Keep your answers <u>as succinct as possible</u>. 대답은 가능한 한[최대한] 간단 명료하게 하라.

ex Detach the coupon and return it <u>as soon as possible</u>. 쿠폰을 떼어 내어 가능한 한 빨리 발송해 주세요.

ex Tell him <u>as little as possible</u>. 그에게 가능한 한 말을 적게 해라.

ex Have you ever seen <u>as beautiful as</u> this? 이것만큼 아름다운 것을 본적 있 나요?

ex <u>as soon as possible</u> 가능한 한 빨리, 되도록 빨리

ex <u>as high as possible</u> 최대한 높이

ex <u>as rapidly as possible</u> 가능한 빨리

2. access

ex We need as many people as possible to have <u>access to this</u>

technology. 우리는 가능한 많은 사람들이 이 기술을 활용하게 할 필요가 있습니다.

ex   A ramp allows <u>easy access for wheelchairs</u>. 경사로가 있어서 휠체어 접근이 용이하다.

ex   <u>Access to the building</u> is by swipe card only. 그 건물 출입은 전자 카드로만 가능하다.

ex   She had <u>unhindered access to the files</u>. 그녀는 아무런 제약 없이 그 파일들에 접근할 수 있었다.

ex   We have <u>unrestricted access to all the facilities</u>. 우리는 조금도 제한받지 않고 그 시설들을 이용할 수 있다.

ex   All the rooms have <u>access to the Internet</u>. 모든 객실에서 인터넷 접속이 가능하다.

ex   I don't have <u>the right to access to the computer system</u> yet. 나는 아직 컴퓨터 시스템에 접속할 권한이 없다.

ex   We have <u>Internet access at the library</u>. 도서관에서는 인터넷 접속이 가능하다.

3. not, ~ but

ex   They are making it possible <u>not just for</u> national governments, <u>but for</u> universities, corporations, smaller organizations. 그들은 정부를 위해서 뿐만 아니라 대학과 회사, 작은 기관 등을 위해서도 그것이 가능하게 했다.

ex   I hope you will judge yourselves <u>not on your professional accomplishment</u> alone, <u>but also on how well you have addressed</u> the world's deepest inequities. 나는 당신이 당신의 직업적 성취에 의해서만 자신을 평가하지 않고 세계의 가장 불평등한 것에 대해 당신이 어떻게 대처했나에 따라서도 자신을 평가하길 바란다.

4. take on

ex Should Harvard encourage its faculty to <u>take on the world's worst inequity</u>? 하버드 대학은 교수들이 이 세계의 가장 불공평한 것에 대해 뭔가 하도록 (책임을 떠맡도록) 독려해야 하지 않을까?

ex I want to exhort each of the graduates here <u>to take on an issue</u> - a complex problem, a deep inequity, and become a specialist on it. 나는 여기 졸업생들이 이 문제, 즉 복잡하고 심각한 불평등의 문제를 떠맡아 그것에 대한 전문가가 되라고 촉구하고 싶다.

ex Don't let complexity stop you. Be activists. <u>Take on the big inequities</u>. It will be one of the great experiences of your lives. 복잡함 때문에 그만두지 마라, 행동가가 되어라, 심각한(큰) 불평등을 떠맡아라, 그것은 당신 삶에서 가장 큰 경험 중 하나가 될 것이다.

ex People who are excessively optimistic might overestimate their own abilities and <u>take on more than they can handle</u>. 지나치게 긍정적인 사람은 자신의 능력을 과대평가하여 자신이 감당할 수 있는 것 이상을 떠맡는다.

ex I can't <u>take on any extra work</u>. 전 어떤 일도 추가로 더 맡을 수가 없어요.

ex The bus stopped to <u>take on more passengers</u>. 버스가 승객을 더 태우기 위해 멈췄다.

ex Today at work, I took on <u>new responsibilities</u>. 오늘 직장에서 새 임무를 떠맡았다.

단어 복습 문제 & 예문 찾기

(다음 단어와 제시된 예문의 뜻은? 자신의 예문도 하나 더 찾아보면 좋겠죠?)

1. appraisement

ex It's exceedingly difficult for the man in the street to reach a clear appraisement of the situation.

ex ....

2. emergence

ex The emergence of low-cost personal computers gave rise to a powerful network.

ex ....

3. hone

ex They don't have the technology to hone their talents.

ex ....

4. dedicate

ex Should our best minds be dedicated to solving our biggest problems?

ex ....

5. privileged

ex Should the world's most privileged people learn about the lives of the world's least privileged?

ex ....

6. opportunity

ex My mother saw one more opportunity to deliver her message.

ex ....

7. exhort

ex I want to exhort each of the graduates to take on an issue and become a specialist on it.

ex ....

8. torment

ex You have an informed conscience that will torment you.

ex ....

Make You Feel My Love _Adele

When the rain is blowing in your face
비바람이 네 얼굴에 몰아칠 때

And the whole world is on your case
그리고 온 세상 사람들이 너를 비난할 때

I could offer you a warm embrace, To make you feel my love
나는 너를 따뜻하게 안아줄 수 있어, 네가 내 사랑을 느낄 수 있도록

When the evening shadows and the stars appear
밤이 드리우고 별들이 나타나기 시작할 때

And there is no one there to dry your tears
그리고 거기 너의 눈물을 닦아 줄 사람이 아무도 없을 때

I could hold you for a million years, To make you feel my love
나는 너를 백만년 동안 안아줄 수 있어, 네가 나의 사랑을 느낄 수 있도록

I know you haven't made your mind up yet, But I will never do you wrong
네가 아직 마음을 정하지 못했다는 걸 알아, 그러나 나는 절대로 네가 잘못되게 두지
않을 거야

I've known it from the moment that we met
나는 우리가 만났던 그 순간부터 알고 있었어

No doubt in my mind where you belong
네가 누구에게 속해 있는지는 의심할 여지가 없어

I'd go hungry, I'd go black and blue, I'd go crawling down the avenue
나는 굶주릴 수도 있고, 멍이 들 수도 있어, 길바닥을 기어갈 수도 있어

No, there's nothing that I wouldn't do, To make you feel my love
그래, 내가 하지 못할 일은 아무것도 없어, 네가 나의 사랑을 느끼게 하기 위해서

Adele

Adele Laurie Blue Adkins MBE (born 5 May 1988) is an English singer and songwriter.

Her debut album, 19, was released in 2008 and spawned the UK top-five singles "Chasing Pavements" and "Make You Feel My Love."

Adele is one of the world's best-selling music artists, with sales of over 120 million records.

Her accolades include fifteen Grammy Awards, twelve Brit Awards, an Academy Award, and a Primetime Emmy Award. In 2011, 2012, and 2016, Billboard named her Artist of the Year.

Time magazine named her one of the most influential people in the world in 2012, 2016, and 2022. She was appointed a MBE at the 2013 Queen's Birthday Honours for services to music.

In 2014, Adele was already being regarded as a British cultural icon, with young adults from abroad naming her among a group of people whom they most associated with UK culture, which included William Shakespeare, Queen Elizabeth II, David Beckham, J. K. Rowling, The Beatles, Charlie Chaplin and Elton John.

Make You Feel My Love

Bob Dylan wrote this song for his 1997 album "Time Out of Mind," but the song was first released by Billy Joel under the name "To Make You Feel My Love."

Adele recorded his version of "Make You Feel My Love" for her debut album "19" in 2008. It was the album's fourth single released on the 27th of October. She told Premiere Networks, "My manager is the biggest Dylan fan, and for ages, he'd been bugging me to listen to the song, because I hadn't heard it before."

Chapter 04

The Fringe Benefits of Failure,
and the Importance of Imagination
_J.K. Rowling

J. K. 롤링(J. K. Rowling, 1965년 7월 31일 ~)은 영국의 아동문학 작가이다. 롤링은 1997년 처음 출간되어 2007년 전 7권으로 완간된 판타지 소설 《해리포터》시리즈의 작가로 잘 알려져 있다. 이 시리즈로 롤링은 전 세계적으로 큰 주목을 받으며 여러 상을 받았고, 책은 지금까지 67개 언어로 번역되며 4억 5천만 부 이상 판매됐다. 이것은 역사상 가장 많이 팔린 베스트 셀러의 책 시리즈와 전 세계에서 가장 많은 수익률을 낸 영화 시리즈로 기록되었다.

롤링은 작가 등단 5년 만에 "무일푼에서 갑부"가 된 대표적인 인물로 손꼽히며, 영국을 대표하는 베스트셀러 작가로 성장했다. 롤링은 영국의 빈곤 퇴치 기금 모금 단체인 코믹 릴리프, 한부모 가정 지원 단체인 진저브레드(Gingerbread), 그리고 영국 다발성 경화증 협회(Multiple Sclerosis Society of Great Britain), Lumos(舊 칠드런스 하이레벨 그룹) 등 여러 자선 단체와 노동당을 지원하고 있다.

이 연설은 J. K. Rowling 이 2008년 6월 5일 하버드대학 졸업식에서 한 것으로 세계 최고의 두뇌를 가진 젊은 하버드 졸업생들이 세상을 더 좋은 곳으로 만들기 위해 무엇을 해야 하는지 그들에게 강력한 메시지를 전달하고 있다.

Part 1 **What I feared most was failure**

1

President Faust, members of the Harvard Corporation and the Board of Overseers, members of the faculty, proud parents, and, above all, graduates.

2

The first thing I would like to say is 'thank you.' Not only has Harvard given me an extraordinary honour, but the weeks of fear and nausea I have endured at the thought of giving this commencement address have made me lose weight. A win-win situation! Now all I have to do is take deep breaths, squint at the red banners and convince myself that I am at the world's largest Gryffindor reunion.

3

Delivering a commencement address is a great responsibility, or so I thought until I cast my mind back to my own graduation. The commencement speaker that day was the distinguished British philosopher Baroness Mary Warnock. Reflecting on her speech has helped me enormously in writing this one, because it turns out that I can't remember a single word she said.

4

This liberating discovery enables me to proceed without any fear that I might inadvertently influence you to abandon promising careers in business, the law or politics for the giddy delights of becoming a gay wizard.

5

You see? If all you remember in years to come is the 'gay wizard' joke, I've come out ahead of Baroness Mary Warnock. Achievable goals: the first step to self improvement.

6

Actually, I have wracked my mind and heart for what I ought to say to you today. I have asked myself what I wish I had known at my own graduation, and what important lessons I have learned in the 21 years that have expired between that day and this.

7

I have come up with two answers. On this wonderful day when we are gathered together to celebrate your academic success, I have decided to talk to you about the benefits of failure. And as you stand on the threshold of what is sometimes called 'real life,' I want to extol the crucial importance of imagination. These may seem quixotic or paradoxical choices, but please bear with me.

8

Looking back at the 21-year-old that I was at graduation, is a slightly uncomfortable experience for the 42-year-old that she has become. Half my lifetime ago, I was striking an uneasy balance between the ambition I had for myself, and what those closest to me, expected of me.

9

I was convinced that the only thing I wanted to do, ever, was to write novels. However, my parents, both of whom came from impoverished backgrounds and neither of whom had been to college, took the view that my overactive imagination was an amusing personal quirk that would never pay a mortgage, or secure a pension. I know that the irony strikes with the force of a cartoon anvil, now.

10

So they hoped that I would take a vocational degree; I wanted to study English Literature. A compromise was reached that in retrospect satisfied nobody, and I went up to study Modern Languages. Hardly had my parents' car rounded the corner at the end of the road than I ditched German and scuttled off down the Classics corridor.

11

I cannot remember telling my parents that I was studying Classics; they might well have found out for the first time on graduation day. Of all the subjects on this planet, I think they would have been hard put to name one less useful than Greek mythology when it came to securing the keys to an executive bathroom.

12

I would like to make it clear, in parenthesis, that I do not blame my parents for their point of view. There is an expiry date on blaming your parents for steering you in the wrong direction; the moment you are old enough to take the wheel, responsibility lies with you. What is more, I cannot criticise my parents for hoping that I would never experience poverty.

13

They had been poor themselves, and I have since been poor, and I quite agree with them that it is not an ennobling experience. Poverty entails fear, and stress, and sometimes depression; it means a thousand petty humiliations and hardships. Climbing out of poverty by your own efforts, that is indeed something on which to pride yourself, but poverty itself is romanticised only by fools. What I feared most for myself at your age was not poverty, but failure.

14

At your age, in spite of a distinct lack of motivation at university, where I had spent far too long in the coffee bar writing stories, and far too little time at lectures, I had a knack for passing examinations, and that, for years, had been the measure of success in my life and that of my peers.

15

I am not dull enough to suppose that because you are young, gifted and well-educated, you have never known hardship or heartbreak. Talent and intelligence never yet inoculated anyone against the caprice of the Fates, and I do not for a moment suppose that everyone here has enjoyed an existence of unruffled privilege and contentment.

16

However, the fact that you are graduating from Harvard suggests that you are not very well-acquainted with failure. You might be driven by a fear of failure quite as much as a desire for success. Indeed, your conception of failure might not be too far from the average person's idea of success, so high have you already flown.

Notes

fringe benefit: 부가 혜택, fringe 주변, 가장자리, on the northern fringe of the city 그 도시의 북부 지역 변두리

the weeks of fear and nausea I have endured: 내가 견뎌야 했던 몇 주 동안의 공포와 메스꺼움, nausea and vomiting 메스꺼움과 구토, endure 견디다

squint: 눈을 가늘게 뜨고[찡그리고] 보다(밝은 빛을 피하거나 무엇을 더 잘 보려고 취하는 동작을 나타냄), squint at ~를 곁눈질 하다

the world's largest Gryffindor reunion: 세상에서 가장 큰 그리핀도르 모임 (Gryffindor: 해리포터 시리즈에 등장하는 호그와트의 4대 기숙사 중 하나)

cast my mind back to: 내 마음을 ~로 던지다, 즉, ~를 회상하다

turns out: ~로 밝혀지다, ~라고 모습을 나타나다

a promising career: 장래가 촉망되는 직업, 전도유망한 경력

for giddy delights of becoming a gay wizard: 게이 마법사가 되는 아찔한 기쁨 때문에, giddy 아찔한, 들뜬

I have wracked my mind and heart: 나는 애써 머리를 굴렸다, 머리를 좀 썼다, wrack 고문하다, This is nerve-wracking. 떨린다.

come up with: ~를 생각해 내다, 방법을 찾아내다, come up with an answer 답을 찾아내다

extol the crucial importance of imagination: 상상력의 결정적인 중요성을 극찬하다, extol 극찬하다, crucial 중대한, 결정적인

quixotic or paradoxical choices: 공상적이거나 역설적인 선택, quixotic 공상적, 돈키호테식의 엉뚱한, paradoxical 역설적인, 자기모순적인

I was striking an uneasy balance between ~: ~ 사이의 쉽지 않은 균형을 맞추려고 애쓰다, He needs to strike a better balance between his work life and family life. 그는 일과 가정생활 사이에 더 나은 균형을 맞출 필요가 있다.

amusing personal quirk: 재미있는 개인적 별난 점, quirk 별난 점, 기벽, amusing 재미있는

compromise: 타협[절충]안, an honourable compromise 명예를 손상시키지 않는 타협, a face-saving compromise 체면을 세우기 위한 협상

in retrospect: 돌이켜 보면, Travel is only glamorous in retrospect. 여행은 되돌아보았을 때에만 매력적이다.

scuttled off down the Classic's corridor: 클래식(서양 고전 문학)의 복도를 따라서 허둥지둥 달아났다, scuttle 바삐 가다, 허둥지둥 달아나다 (away, off)

Greek mythology: 그리스 신화, I am interested in Greek or Roman mythology. 저는 그리스 로마 신화에 관심이 있습니다.

when it comes to: ~에 관해서라면, I'm a real coward when it comes to going to the dentist. 치과에 가는 일이라면 난 정말 겁쟁이가 돼.

parenthesis: 명사 (말·글 속의) 삽입 어구, in parenthesis 덧붙여 (말하면), by way of parenthesis 말이 났으니 말이지

There is an expiry date on ~: ~하는 데에 유효기간이 있다

for steering you in the wrong direction: 잘못된 방향으로 너를 이끄는 데에

old enough to take the wheel: 운전하기에 충분한 나이, take the wheel 운전하다, = be at the wheel, be behind the wheel

I had a knack: 나는 요령이 있었다. knack (타고난) 재주, (경험으로 익힌) 요령

inoculate anyone against caprice of Fates: 운명의 변덕스러움으로부터 예방 접종을 맞다, inoculate 예방주사를 놓다, caprice 갑작스런 변화

unruffled privilege and contentment: 안정된 특권과 만족

지문 해석

1

Faust 총장님, 하버드 협회 의원 여러분, 그리고 감독위원회, 교수님들, 자랑스런 학부모님들, 무엇보다도 졸업생 여러분.

2

첫 번째로 제가 하고 싶은 말은 '감사합니다'입니다. 하버드가 제게 주신 특별한 영광뿐 아니라 하버드 졸업식에서 연설해야 한다는 생각으로 견뎌야 했던 몇 주간의 멀미와 공포로 체중이 줄었습니다. 서로 윈윈하는 상황이네요. 이제 제가 해야 할 일은 깊게 숨을 들이마시고 빨간색 배너를 곁눈질하면서 이 세상에서 가장 큰 그리핀도르 모임에 와있다고 나 자신을 설득하는 것입니다.

3

졸업식 연설을 하는 것은 큰 책임입니다: 적어도 제 자신의 졸업식을 되돌아 봤을 때까지는 그렇게 생각했습니다. 그날의 졸업식 연설자는 유명한 영국 철학자 Baroness Mary Warnock였습니다. 그녀의 연설을 회고하는 것은 이 연설문을 쓰는 데 많은 도움이 되었습니다. 왜냐하면 그녀가 했던 말이 하나도 생각나지 않았기 때문입니다.

4

이같이 저를 자유롭게 해준 발견은 동성애자 마법사가 되는 들뜬 기쁨을 위해 뜻하지 않게 당신이 촉망되는 경영학, 법학, 정치학 등의 커리어를 버리도록 제가 영향력을 미칠 수도 있다는 두려움 없이 연설을 준비하도록 해 주었습니다.

5

아시겠죠? 앞으로 몇 년 안에 당신이 기억하는 것은 오직 '게이 마법사' 조크일 뿐입니다. 저는 Baroness Mary Warnock을 능가했습니다. 달성 가능한 목표: 자기향상을 위한 첫걸음입니다.

6

사실은 오늘 여러분께 얘기하기 위해 제가 좀 머리를 썼습니다. 저의 졸업식 때 알았더라면 좋았을 것이 무엇인가, 그리고 졸업식 이후 지금까지 21년간 내가 배운 중요한 교훈은 무엇인가를 제 자신에게 물어 보았습니다.

7

당신의 학업적 성공을 축하하기 위해 모여 있는 이 아름다운 날, 저는 두 가지 답을 찾았습니다. 저는 여러분께 실패의 이점에 대해 얘기하기로 결정했습니다. 현실의 삶 속으로 들어가는 문턱에 서 있는 당신, 나는 상상력의 엄청난 중대함에 대해 칭송하려고 합니다. 이것은 비현실적이거나 혹은 역설적인 선택으로 보여질 수 있지만 참고 들어주세요.

8

21살, 졸업할 때를 되돌아보는 것은 42세가 된 저에게는 좀 불편한 경험입니다. 제 인생의 절반 전에 제 자신에 대한 야망과 저에 대한 기대, 저와 가장 가까운 것 사이에서 저는 쉽지 않은 균형을 맞추려고 애쓰고 있었습니다(글을 쓰고자 하는 야망과 전공에 맞추어 남들처럼 사는 것 사이에서의 균형).

9

제가 하고자 했던 오직 한 가지는 소설을 쓰는 것이라고 확신했습니다. 그러나 매우 가난했고 대학에 다닌 적이 없었던 부모님 두 분은 저의 과도한 상상력은 주택담보대출금을 내거나 연금을 보장해 주지 않는, 그저 재미있는 별난 점이라고 생각했습니다. 지금의 만화영화 Anvil의 영향력이라면 얘기가 다르겠죠?

10

그래서 그들은 제가 직업적 학위(취직에 도움되는 전공)를 따기를 바랐습니다. 저는 영미문학을 공부하고 싶어 했죠. 타협은 이루어졌고 돌이켜 보면 아무도 만족시키지 못한 현대언어학을 전공했습니다. 제 부모님의 차가 길 모퉁이를 돌아서자마자 저는 독일어를 버리고, 황급히 서양고전학 복도를 따라 갔습니다.

11

제가 부모님께 고전학 공부를 할 거라고 말했는지 기억나지 않습니다: 부모님이 제 졸업식에서 처음으로 안 것도 당연한 일입니다. 이 지구상의 모든 과목들 중에서 경영진의 화장실 열쇠를 보관하는 데 있어 그리스 신화보다 덜 유용한 이름을 지어내는 것은 어려운 일이라고 생각합니다.

12

이제 덧붙여 말하면 제가 부모님의 관점에 대해 비난하지 않는다는 점을 명확하게 말하겠습니다. 당신을 잘못된 방향으로 이끈다고 부모님을 비난하는 것을 그만 두어야 할 날이 있습니다: 운전 할 나이가 되는 때, 책임은 당신에게 있습니다. 더욱이 부모님은 제가 가난을 경험하지 않기를 바라셨기 때문에 그들을 비난할 수는 없습니다.

13

그들 자신이 가난했었고 그리고 그 후 저도 가난했죠. 그리고 가난은 고귀한 경험이 아니라는 것에 대해 부모님과 같은 의견입니다. 가난은 두려움, 스트레스, 그리고 가끔은 우울감도 수반합니다. 그것은 수많은 자잘한 수치심과 어려움을 의미합니다. 가난에서 스스로의 노력으로 벗어났다면, 것은 당신 자신에 대해 충분히 자랑스러워 할 만한 것이며, 가난 그 자체는 바보들에 의해서만 로맨틱하게 그려집니다. 여러분 나이였을 때 나 자신이 가장 두려웠던 것은 가난이 아니고 실패였습니다.

14

여러분 나이였을 때, 소설을 쓰느라 커피숍에서 긴 시간을 지내고, 강의에는 너무 조금 시간을 보낸 대학에서 뚜렷한 동기부여가 부족했음에도 저는 시험을 통과하는 요령이 생겼습니다. 그리고 몇 년 동안 그것은 저와 제 또래의 인생에서 성공을 측정하는 기준이 되어 왔습니다.

15

여러분이 젊고 재능 있고 교육을 잘 받았다고 해서 고난이나 비통함을 모를 거라 생각하지 않습니다. 재능과 지능이 운명의 변덕에 대해 그 누구도 예방해주지 않습니다. 여기 계신 여러분 모두가 안정된 특권과 만족을 즐겼을 거라고 한순간도 생각하지 않았습니다.

16

그러나 당신이 하버드를 졸업한다는 사실은 실패와 많이 친숙하지 않다는 것을 의미합니다. 당신에게 성공에 대한 갈망만큼이나 실패에 대한 두려움이 동력이 될 수도 있습니다. 사실 실패에 대한 당신의 기준은 평균 사람들의 성공에 대한 생각과 그리 멀지 않을 수도 있습니다. 당신은 이미 그렇게 높이 날아올랐죠.

Vocabulary & Sentence Pattern

1. come up with

곰곰이 생각해서 어떤 해결책을 찾아내다. 궁리해 내다.

to produce especially in dealing with a problem or challenge

ex I have wracked my mind and heart for what I ought to say to you today. And I <u>have come up with two answers</u>. 오늘 여러분께 무엇을 얘기해야 할지 머리를 굴려 보았습니다. 그리고 저는 두 가지 답을 생각해 냈습니다.

ex Let's <u>come up with a plan</u> for Saturday. 토요일 계획을 만들어보자.

ex Let's <u>come up with some things to do</u> for Sarah's birthday party. 사라의 생일 날 뭘 하면 좋을지 생각해보자.

ex I find it challenging and rewarding to <u>come up with new ideas</u> for products. 저는 상품에 대한 새로운 아이디어를 제안하는 것이 도전적이고 보람 있다고 생각합니다.

ex The teacher asked her students a question and wanted them to <u>come up with an answer</u>. 그 선생님은 그녀의 학생들에게 질문하고 그들이 답을 생각해 내도록 했다.

2. when it comes to

~에 관한 한, when it comes to something/to doing something,

when it comes to the point (결정을 해야 할) 정작 때가 되기만 하면

ex It's different <u>when it comes to education</u>. (교육)에 대해서라면 이야기는 달라진다.

ex Of all the subjects on this planet, I think they would have been hard put to name one less useful than Greek mythology <u>when it came to securing the keys to an executive bathroom</u>. 경영진 화장실 열쇠를 보관하는 일에 관한 한, 이 세상 모든 과목 중에서 그리스신화보다 덜 유용한 과목의 이름을 대는 것은 어렵다고 생각한다(그리스신화가 실제 직업적으로는 유용한 목적이 하나도 없어보임을 강조).

'When it comes to' used to identify the specific topic that is being talked about.

ex <u>When it comes to playing chess</u>, he is the best I know. 체스에 관해서라면 내가 아는 한 그 사람이 최고이다.

3. in spite of

~에도 불구하고, (even) though, although, despite, in spite of, (formal) notwithstanding

ex They duly arrived at 9.30 <u>in spite of torrential rain</u>. 그들은 억수같이 비가 오는데도 불구하고 9시 30분에 맞춰 도착했다.

ex They are firm friends <u>in spite of temperamental differences</u>. 그들은 기질적인 차이들에도 불구하고 흔들림 없는 친구 사이이다.

ex He fell asleep, <u>in spite of himself</u>. 그는 자기도 모르게 잠이 들었다.

ex They fell in love <u>in spite of the language barrier</u>. 그들은 언어적 장벽에도 불구하고 사랑에 빠졌다.

ex <u>In spite of his age</u>, he still leads an active life. 그는 그 연령에도 아직 활발한 생활을 한다.

ex <u>In spite of a distinct lack of motivation</u> at university, I had a knack for passing examinations. 대학에서 동기부여가 부족했지만 나는 시험을 통과하는

요령이 생겼다.

4. enough

(복수 명사나 불가산 명사 앞에 쓰여) 필요한 만큼의[충분한] (=sufficient)

ex The moment you are old enough to take the wheel, responsibility lies with you. 운전할 나이가 되었을 때, 책임은 당신에게 있다.

ex I'm not dull enough to suppose that because you are young, gifted and well-educated, you have never known hardship or heartbreak. 당신이 젊고 재능있고 잘 교육 받았다고 해서 어려움이나 가슴 아픈 일을 겪지 않았을 거라고 생각할 만큼 내가 바보는 아니다.

ex Enough is enough. 이 이상은 안 돼. 이대로 둘 수는 없어.

ex Are these instructions clear enough? 이 지시 사항들은 충분히 분명한가요?

ex All the shine of a thousand spotlights, all the stars we steal from the night sky will never be enough for me. 수많은 스포트라이트와 우리가 훔친 밤하늘의 별들도 결코 내게 충분하지 않아요(from The Greatest Showman, Never Enough).

ex Towers of gold are still too little, these hands could hold the world but it'll never be enough for me. 황금으로 쌓인 탑도 여전히 작고, 이 두 손으로 세상을 움켜 쥘 수도 있지만 결코 충분하지 않아요(from The Greatest Showman, Never Enough).

단어 복습 문제 & 예문 찾기

(다음 단어와 제시된 예문의 뜻은? 자신의 예문도 하나 더 찾아보면 좋겠죠?)

1. distinguished

ex He was the most distinguished scholar in his field.

ex ....

2. achivable goals

ex If you want to make your dreams come true, choose specific, achievable goals.

ex ....

3. promising career

ex He had a promising athletic career that was abruptly ended by an injury.

ex ....

4. expire

ex My visa will expire this month.

ex ....

5. compromise

ex Compromise is an inevitable part of life.

ex ....

6. impoverished

ex The country was impoverished by the war.

ex ....

7. privilege

ex Education should be a universal right and not a privilege.

ex ....

8. examination

ex Your proposals are still under examination.

ex ....

refresh with pop song

Try Everything _Shakira(Zootopia)

I messed up tonight, I lost another fight
오늘 밤 난 망쳤어, 난 또 다른 싸움에서 졌어

I still mess up, but I'll just start again
나 자신에게 길을 잃었지만, 난 또다시 시작할 거야

I keep falling down, I keep on hitting the ground
난 계속 넘어져, 난 계속 땅에 부딪혀

I always get up now to see what's next
난 항상 지금 일어나서 다음에 무엇이 있는지를 봐

Birds don't just fly, they fall down and get up
새는 날기만 하는 것이 아니라 넘어졌다가 다시 일어난다

Nobody learns without gettin' it wrong
아무도 잘못하지 않고는 배우지 못한다

I won't give up, no, I won't give in, 'Til I reach the end, and then I'll start again

난 포기하지 않을 거야, 아니, 포기하지 않을 거야, 내가 끝날 때까지, 그리고 난 다시 시작할 거야

No, I won't leave, I wanna try everything, I wanna try even though I could fail

아니, 난 떠나지 않을 거야, 나는 모든 것을 시도하고 싶어, 실패해도 해보고 싶다

I won't give up, no, I won't give in, 'Til I reach the end, and then I'll start again

난 포기하지 않을 거야, 아니, 포기하지 않을 거야, 내가 끝날 때까지, 그리고 난 다시 시작할 거야

No, I won't leave, I wanna try everything

아니, 난 떠나지 않을 거야, 나는 모든 것을 시도하고 싶어

Shakira

Shakira Isabel Mebarak Ripoll (born 2 February 1977) is a Colombian singer. She has been referred to as the "Queen of Latin Music" and is noted for her musical versatility.

As a child, Shakira was influenced by rock music, listening heavily to rock bands like Led Zeppelin, the Beatles, Nirvana, the Police and U2.

Shakira is well known for her dancing in her music videos and concerts. Her distinctive dancing style is said to combine Latin dancing with Middle Eastern belly dancing, which is derived from her Lebanese heritage.

She is noted for usually employing minimal production, usually taking the stage with minimal makeup and natural hair, and without background dancers in her performances, preferring to focus on her vocals, dance moves, and stage presence.

Shakira is known for her "unique and mesmerizing" singing voice which includes her "trademark" yodeling.

Analyzing Shakira's cover of "Je l'aime à mourir," vocal teacher Beth Roars also noted Shakira's use of yodeling, explaining that there is "heaviness at the bottom of her tone" which "flips up" into "her head voice," as well as her ability to execute "complex melisma."

Zootopia

Zootopia is a 2016 American computer-animated buddy cop action-comedy film produced by Walt Disney Animation Studios.

It tells a story of an unlikely partnership between a rabbit police officer and a red fox con artist as they uncover a criminal conspiracy involving the disappearance of predators.

Part 2　Failure meant a stripping away of the inessential

1

Ultimately, we all have to decide for ourselves what constitutes failure, but the world is quite eager to give you a set of criteria if you let it. So I think it fair to say that by any conventional measure, a mere seven years after my graduation day, I had failed on an epic scale.

2

An exceptionally short-lived marriage had imploded, and I was jobless, alone parent, and as poor as it is possible to be in modern Britain, without being homeless. The fears that my parents had had for me, and that I had had for myself, had both come to pass, and by every usual standard, I was the biggest failure I knew.

3

Now, I am not going to stand here and tell you that failure is fun. That period of my life was a dark one, and I had no idea that there was going to be what the press has since represented as a kind of fairy tale resolution. I had no idea then how far the tunnel extended, and for a long time, any light at the end of it was a hope rather than a reality.

4

So why do I talk about the benefits of failure? Simply because failure meant a stripping away of the inessential. I stopped pretending to myself that I was anything other than what I was, and began to direct all my energy into finishing the only work that mattered to me. Had I really succeeded at anything else, I might never have found the determination to succeed in the one arena I believed I truly belonged. I was set free, because my greatest fear had been realized, and I was still alive, and I still had a daughter whom I adored, and I had an old typewriter and a big idea. And so rock bottom became the solid foundation on which I rebuilt my life.

5

You might never fail on the scale I did, but some failure in life is inevitable. It is impossible to live without failing at something, unless you live so cautiously that you might as well not have lived at all – in which case, you fail by default.

6

Failure gave me an inner security that I had never attained by passing examinations. Failure taught me things about myself that I could have learned no other way. I discovered that I had a strong will, and more discipline than I had suspected; I also found out that I had friends whose value was truly above the price of rubies.

7

The knowledge that you have emerged wiser and stronger from setbacks means that you are, ever after, secure in your ability to survive. You will never truly know yourself, or the strength of your relationships, until both have been tested by adversity. Such knowledge is a true gift, for all that it is painfully won, and it has been worth more than any qualification I ever earned.

8

So given a Time Turner, I would tell my 21-year-old self that personal happiness lies in knowing that life is not a check-list of acquisition or achievement. Your qualifications, your CV, are not your life, though you will meet many people of my age and older who confuse the two. Life is difficult, and complicated, and beyond anyone's total control, and the humility to know that will enable you to survive its vicissitudes.

9

Now you might think that I chose my second theme, the importance of imagination, because of the part it played in rebuilding my life, but that is not wholly so. Though I personally will defend the value of bedtime stories to my last gasp, I have learned to value imagination in a much broader sense. Imagination is not only the uniquely human capacity to envision that which is not, and therefore the fount of all invention and innovation. In its arguably most transformative and revelatory capacity, it is the power that enables us to empathise with humans whose experiences we have never shared.

10

One of the greatest formative experiences of my life preceded Harry Potter, though it informed much of what I subsequently wrote in those books. This revelation came in the form of one of my earliest day jobs. Though I was sloping off to write stories during my lunch hours, I paid the rent in my early 20s by working at the African research department at Amnesty International's headquarters in London.

11

There in my little office I read hastily scribbled letters smuggled out of totalitarian regimes by men and women who were risking imprisonment to inform the outside world of what was happening to them. I saw photographs of those who had disappeared without trace, sent to Amnesty by their desperate families and friends. I read the testimony of torture victims and saw pictures of their injuries. I opened handwritten, eye-witness accounts of summary trials and executions, of kidnappings and rapes.

12

Many of my co-workers were ex-political prisoners, people who had been displaced from their homes, or fled into exile, because they had the temerity to speak against their governments. Visitors to our offices included those who had come to give information, or to try and find out what had happened to those they had left behind.

13

I shall never forget the African torture victim, a young man no older than I was at the time, who had become mentally ill after all he had endured in his homeland. He trembled uncontrollably as he spoke into a video camera about the brutality inflicted upon him. He was a foot taller than I was, and seemed as fragile as a child. I was given the job of escorting him back to the Underground Station afterwards, and this man whose life had been shattered by cruelty took my hand with exquisite courtesy, and wished me future happiness.

14

And as long as I live I shall remember walking along an empty corridor and suddenly hearing, from behind a closed door, a scream of pain and horror such as I have never heard since. The door opened, and the researcher poked out her head and told me to run and make a hot drink for the young man sitting with her. She had just had to give him the news that in retaliation for his own outspokenness against his country's regime, his mother had been seized and executed.

Notes

what constitutes failure: 실패를 구성하는 것, constitute ~을 구성하다, What are the qualities that constitute a hero? 영웅을 이루는 자질들은 무엇인가?

a set of criteria: 일련의 기준, criteria 기준, 표준, What criteria are used for assessing a student's ability? 학생들의 능력을 평가할 때 어떤 기준을 이용하지요?

by any conventional measure: 기존의 어떤 기준으로도, conventional 전통적인, 종래의, 관습적인, conventional wisdom 사회적[일반적] 통념

an epic scale: 엄청난 규모로, epic 원래 뜻은 장편, 서사시인데 어떤 것이 epic하다는 것은 굉장하다, 대단하다는 의미, Their match on Centre Court was an epic. 센터 코트에서 진행된 그들의 시합은 대단한 것이었다.

come to pass: 발생하다, 생기다, 실현되다, What I feared has come to pass. 혹시나 했던 일이 현실로 나타났다.

a kind of fairy tale resolution: 동화 같은 해결책, resolution 해결방안, 각오

stripping away of the inessential: 필수품이 아닌 것을 모두 벗겨내다, strip away all disguises 가면을 벗겨내다

the only work that mattered to me: 내게 중요한 오직 한 가지 일, matter 중요하다, 문제되다, Black lives matter. 흑인생명도 중요하다.

by default: 자동적으로, (경기, 시합에서) 부전승으로, 기본적으로

until both have been tested by adversity: 둘 다 어려움에 의해 시험받기 전까지는

Time Tuner: 해리포터에서 시간 여행을 가능하게 하는, 시간 여행에 쓰이는 마법 장치

enable you to survive its vicissitudes: 당신이 우여곡절에서 살아남게 해준다, vicissitude 우여곡절, the vicissitude of all human things 인간 존재의 성쇠

to my last gasp: 내가 죽을 때까지, gasp 턱 막히는 숨, a gasp of delight 좋아서 기쁨에 턱 막히는 숨, a gasp of horror 공포에 숨이 턱 막히는

the fount of all invention and innovation: 모든 발명과 혁신의 샘물, 원천, fount 원천, a fount of wisdom 지혜의 원천, a fount of knowledge 지식의 원천

one of the greatest formative experiences of my life: 제 인생에 가장 큰 영향을 준 경험 중 하나는, formative (사람 성격 등의) 형성[발달]에 중요한

enable us to empathis(z)e with humans: 우리가 다른 사람들과 공감할 수 있게 해준다. empathise with …에 마음으로부터 공감하다

temerity to speak against their governments: 그들 정부에 반대하는 말을 하는 무모함, temerity 무모함, 만용, He had the temerity to complain his professor. 그는 무모하게도 교수님에게 불평을 제기했다.

the brutality inflicted upon him: 그에게 가해진 잔인함, inflict 괴로움을 가하다, inflict a loss[injury] (on) 손해를 입히다, inflict a blow on[upon] a person …에게 일격을 가하다, inflict punishment[loss]on a person …을 벌하다[…에게 손해를 주다]

as fragile as a child: 어린아이처럼 부서지기 쉬운, 섬세한, fragile 부서지기 쉬운, easily breaking, easy to break

exquisite courtesy: 정교한 공손함, exquisite 정교한, 예민한, Gratitude is the most exquisite form of courtesy. 감사는 정중함의 가장 아름다운 표현이다.

poked out her head: 그녀의 머리를 쑥 내밀다, poke one's head out of a window 창밖으로 머리를 내밀다, poke 쿡 찌르다, He gave me a poke in the ribs to wake me up. 그가 나더러 잠을 깨라고 옆구리를 쿡 찔렀다.

in retaliation for his own outspokenness: 그 자신의 노골적인 솔직한 발언에 대한 앙갚음으로, in retaliation of[for] …의 보복으로

be seized and executed: 체포되고 처형되다, seize 체포하다, execute 처형하다

지문 해석

1

궁극적으로 우리 모두는 무엇이 실패인가에 대해 자신이 결정해야 합니다. 그러나 세상은 당신이 그렇게 하도록 둔다면 당신에게 아주 열심히 실패에 대한 일련의 기준을 주고 싶어 합니다. 어떤 기존의 기준에 의해서도 졸업식 이후 7년 동안 저는 엄청난 크기의 실패를 경험했다고 말하는 것이 공평합니다.

2

유난히 짧은 결혼 생활은 파탄났고 직장을 잃었고 편부모였으며 노숙자를 제외하면 현대 영국에서 가장 가난했습니다. 저의 부모님이 제게 가졌던 공포, 제 스스로 가졌던 공포, 둘 다 발생했고 그리고 모든 일반적 기준에 의해서 저는 가장 큰 실패를 한 사람이었습니다.

3

제가 지금 여기 서서 여러분께 실패는 재미있는 거라고 말하는 것은 아닙니다. 제 인생에서 그 시기는 어두웠습니다. 언론에서 말하는 동화 같은 해결책이 있을 거라 생각하지 못했습니다. 그 터널이 얼마나 멀리 펼쳐질지, 그 시간이 얼마나 길지, 그 끝에 있는 빛이 현실이기보다 희망인지 몰랐습니다.

4

왜 제가 실패의 이점에 대해 얘기하는 걸까요? 실패는 필수적이지 않은 것을 벗겨내 버리기 때문입니다. 나 자신에게 나였던 것 외에 어떤 것인 척하는 것을 멈출 수 있었습니다. 그리고 진짜 나에게 상관있는 것, 중요한 오직 한 일을 끝마치는 데 모든 에너지를 겨냥하기 시작했기 때문입니다. 다른 무엇에 성공했더라면 내가 진정 속한다고 믿는 분야에서의 성공을 결심하지 못했을 겁니다. 저는 자유로워졌습니다. 왜냐면 저의 가장 큰 두려움이 현실화되었고 저는 아직도 살아있고 내가 사랑하는 딸이 있고 헌 타이프라이터를 갖고 있었고 큰 아이디어도 가지고 있었습니다. 그래서 그 위에 내 삶을 다시 지을 수 있는 단단한 밑바탕이 되었습니다.

5

여러분은 아마도 제가 했던 만큼의 스케일로 절대 실패할 수 없을 겁니다. 그러나 삶에서 어느 정도의 실패는 피할 수 없습니다. 너무 조심스럽게 살아서 산 것 같지 않게 살지 않는다면 뭔가에서 실패하지 않고 사는 것은 불가능합니다. 그런 경우는 자동으로 실패한 거죠.

6

실패는 제게 시험을 통과함으로써 얻어질 수 없는 내적 보호감을 주었습니다. 실패는 제가 다른 방식으로는 배울 수 없는 것을 가르쳐주었습니다. 저는 제가 매우 강한 의지를 갖고 있음을 발견했고, 제가 의구심을 가졌던 것보다 더 저를 단련시켰습니다: 저는 보석보다 더 값진 친구가 있다는 것도 알게 되었습니다.

7

당신이 좌절함으로 인해 더 현명해지고 강해졌다는 것을 아는 것은 이후 당신이 살아가는데 있어서 당신의 능력에 안도함을 의미합니다. 당신이 역경에 의해 시험받기 전까지는 진정으로 당신 자신을, 또한 인간관계의 강도를 알지 못합니다. 그렇게 알게 된 것은 진정한 선물이고 고통스럽게 얻은 것이며 제가 딴 어떤 자격보다 가치가 있었습니다.

8

Time Tuner가 주어진다면 저는 21살의 제게 개인적 행복은 삶이 성취나 취득의 체크 리스트에 있지 않다는 것을 아는 것에 있다는 것을 말해 주겠습니다. 당신의 자격들, 당신의 이력서는 당신의 삶이 아닙니다. 비록 제 나이 또래나 그 이상 나이 든 사람들도 이 둘을 혼동하지만, 삶은 어렵고 복잡하고 통제할 수 없으며, 그것을 아는 겸손은 당신이 삶의 우여곡절에서 살아남을 수 있도록 합니다.

9

이제 여러분은 제 두 번째 주제, 상상력의 중요함으로 넘어 갈 거라 생각할 겁니다. 왜냐면 그것이 제 삶을 재건축하는 데 큰 역할을 했기 때문이에요. 꼭 그렇지는 않습니다. 제가 개인적으로 취침 전 이야기의 가치를 최후까지 지키려 할지라도 저는 훨씬 더 넓은 의미로 상상력의 가치를 배웠습니다. 상상력은 존재하지 않는 것을 마음 속에 그리는 인간에게만 있는 능력입니다. 그래서 모든 발명과 혁신의 원천이죠. 상상력의 변형과 발현의 능력으로 인해 우리가 결코 공유하지 못했던 경험들을 인간들이 공감 할 수 있도록 해줍니다.

10

제 인생에서 가장 큰 인성형성 경험 중 하나는 Harry Poter를 앞섭니다. 그것은 제가 그 다음 책에서 쓸 것을 알려주긴 했지만, 이 발현은 저의 초기 직업의 하나의 형태로 나타났습니다. 점심시간 동안에 이야기를 쓰기 위해 슬그머니 빠져나오기도 했지만 저는 20대 초반에 런던 국제 암네스티 본부의 아프리카 연구과에서 일해서 집세를 지불했습니다.

11

그 작은 사무실에서 저는 그들에게 무슨 일이 일어났는지 알리기 위해 투옥될 위험을 무릅쓰고 전체주의 정권의 남녀들이 서둘러 쓴 편지를 읽었습니다. 절박한 가족과 친구들에 의해 암네스티에 보내어진, 흔적도 없이 사라진 사람들의 사진도 보았습니다. 저는 고문 희생자의 증언을 읽었고 그들의 부상입은 사진을 보았습니다. 저는 손으로 쓰여진 재판과 처형, 납치와 강간의 증언 요약을 열었습니다.

12

저의 여러 동료들은 이전 정치 수용범들이었는데, 그들 정부에 반대하는 무모함으로 인해 그들의 집으로부터 떠나왔거나 추방되었습니다. 우리 사무실 방문자들은 정보를 주러 오기도 했고 그들이 두고 온 사람들에게 무슨 일이 생겼는지 알아보기 위해 왔습니다.

13

저는 아프리카의 고문 피해자인 당시 저보다 나이가 많지 않은 젊은 남자를 결코 잊지 못할 겁니다. 그는 조국에서 견뎌야 했던 일들로 인해 결국 정신병자가 되었습니다. 그는 자신에게 가해진 잔인함에 대해 비디오 카메라에 대고 말할 때 억제할 수 없이 떨었습니다. 그는 저보다 30cm 정도 컸는데 아이처럼 쉽게 부서질 듯 보였습니다. 제게 그를 Undergraound Station으로 데려가는 일이 맡겨졌는데 삶이 잔인함으로 부서져버린 그는 제 손을 아주 공손하게 잡으면서 제게 미래의 행복을 빌어 주었습니다.

14

제가 살아있는 한 그 빈 복도를 따라 걸어가면서 닫힌 문 뒤로 제가 이제까지 듣지 못한 공포의 외침을 갑자기 들었던 일을 기억할 것입니다. 문이 열리고 연구자는 그녀의 머리를 내밀고 얼른 그녀와 함께 앉아 있는 젊은 남자를 위해 더운 마실 것을 만들라고 말했습니다. 그녀는 그에게 정부를 반대해 털어놓은 것에 대한 보복으로 그의 어머니가 붙잡혀서 처형되었다는 소식을 방금 전에 전했던 것입니다.

Vocabulary & Sentence Pattern

1. away

(시간적, 공간적으로) 멀리 떨어진, 더 이상 그 자리에 없는

ex Why do I talk about the benefits of failure? Simply because failure meant a <u>stripping away of the inessential</u>. 왜 제가 실패의 장점에 대해 얘기하냐구요? 실패는 불필요한 것을 싹 벗겨내 버리기 때문입니다.

ex Here comes a wave meant to <u>wash me away</u>. 나를 확 쓸어 가버릴 파도가 온다.

ex Girawong was at the Everest base camp when she was <u>swept away</u> to her death. Girawong은 에베레스트 캠프에서 휩쓸려가 죽었다.

ex I'm not the stranger to the dark. <u>Hide away</u>, they say, cause we don't want your broken parts. 나는 어둠에 익숙한 사람이다. 사람들은 너의 그 흉한 모습을 보기 싫으니 숨어버리라고 말한다.

ex <u>Run away</u>, they say. No one will love you as you are. 달아나 버리라고 사람들은 말한다. 아무도 있는 그대로의 너를 사랑하지 않아.

ex Another round of bullets hits my skin, <u>fire away</u> cause today I won't let the shame sink in. 또 한 바퀴의 총알들이 내 살갗을 파고든다, 쏴버려! 나는 수치심으로 무너지지 않을 거다.

2. Had I ~~

가정법 형식인 'If I had ~ '에서 if 를 생략하고, 동사 had를 앞으로 내놓은 형태의 가정법. If I were a bird, I would fly to you. ⇒ (if를 생략하고 동사 were를 맨 앞으로 둔다) Were I bird, I would fly to you. 내가 새라면 당신께 날아갈 텐데.

ex He would not have died, if he had obeyed the doctor's directions. ⇒ He would not have died, <u>had he obeyed the doctor's directions</u>. 그가 의사의 지시를 따랐다면 죽지 않았을 텐데.

ex If he should fail, he must try again. <u>Should he fail</u>, he must try again. 만일 그가 실패한다면 다시 시도해야 할 것이다.

ex <u>Had I really succeeded at anything else</u>, I might never have found the determination to succeed in the arena I believed I truly belonged. 내가 만일 어떤 다른 분야에서 진짜 성공했다면, 내가 진짜로 속한다고 믿는 분야에서 성공할 결심을 발견하지 못했을 것 입니다.

3. matter

(명사) 문제[일/사안] (=affair), 상황, 사태, 사정 (=things)

ex It's <u>a private matter</u>. 그건 사적인 일이다.

ex Dieting is <u>a matter of disciplining yourself</u>. 다이어트를 하는 것은 심신 단련의 문제이다.

ex <u>The matter in dispute</u> is basically trivial. 논쟁하고 있는 그 문제는 기본적으로 별거 아니다.

(동사) 중요하다. 문제가 되다.

ex I began to direct all my energy into finishing <u>the only work that mattered to me</u>. 나는 내게 중요한 한 가지 일을 끝내는 데에 내 에너지를 집중하기 시작했다.

ex Black lives <u>matter</u>. 흑인 목숨도 중요하다(약어: BLM, 2012년 미국에서 흑인 소

년을 죽인 백인 방범요원이 이듬해 무죄 평결을 받고 풀려나면서 시작된 시위 구호).

ex Does it <u>matter</u>? 지금 그게 중요해?

ex As is a tale, so is life: not how long it is, but how good it is, is <u>what matters</u>. 이야기처럼 인생도 그렇다, 중요한 것은 얼마나 긴가가 아니라 얼마나 좋은가이다.

4. be ~ed

be seized by, be executed by, be tested by, be shattered by

ex His mother <u>had been seized and executed by</u> his country's regime. 그의 어머니는 국가에 의해 체포되어 처형되었다.

ex This man whose life <u>had been shattered by cruelty</u> took my hand and wished me future happiness. 삶이 잔인함으로 인해 부서져버린 이 사람은 내 손을 잡고 행운을 빌어주었다.

ex You <u>might be driven by a fear of failure</u> quite as much as a desire for success. 당신은 성공에 대한 욕망만큼이나 실패에 대한 두려움으로 동기부여될 수 있다.

ex You will never truly know yourself, or the strength of your relationships, until both <u>have been tested by adversity</u>. 역경에 의해 시험받기 전까지는, 당신과 당신의 인간관계에 대해 결코 알 수 없다.

ex The photographs <u>were sent to Amnesty by their desperate families</u> and friends. 그 사진들은 그들의 절박한 가족과 친구들에 의해 암네스티로 보내진 것이다.

ex At our graduation we <u>were bound by enormous affection</u>, <u>by our shared experience</u> of a time that could never come again. 우리들의 졸업식에서 다시는 오지 않을 시간들을 공유한 것과 엄청난 사랑으로 우리는 한데 뭉쳤다.

ex Eve Girawong <u>was killed by an avalanche</u> on Everests. 이브 기라롱은 에베레스트에서 눈사태로 인해 사망했다.

단어 복습 문제 & 예문 찾기
(다음 단어와 제시된 예문의 뜻은? 자신의 예문도 하나 더 찾아보면 좋겠죠?)

1. criteria

   ex All individuals have their own criteria for happiness.

   ex ....

2. essential

   ex Money is not essential to happiness.

   ex ....

3. exceptionally

   ex The weather, even for January, was exceptionally cold.

   ex ....

4. determination

   ex He started with nothing but raw talent and determination.

   ex ....

5. formative experiences

ex It was one of the formative experiences of their lives.

ex ....

6. adversity

ex Education is an ornament in prosperity and refuge in adversity.

ex ....

7. regime

ex The regime finally collapsed after 25 years of misrule.

ex ....

8. fragile

ex The economy remains extremely fragile.

ex ....

The Whole New World

_Mena Massoud & Naomi Scott(Aladdin)

I can show you the world, Shining, shimmering, splendid
나는 당신에게 세상을 보여줄 수 있어, 반짝반짝 빛나는, 찬란한

Tell me, princess, Now, when did you last let your heart decide?
말해봐, 공주님, 자, 언제 마지막으로 당신의 마음이 결정하게 했나요?

I can open your eyes, Take you wonder by wonder
난 당신의 눈을 뜨게 할 수 있어요, 경이로움으로 너를 데려갈 수 있어요

Over, sideways and under, On a magic carpet ride
위로, 아래로, 옆으로, 마법의 양탄자를 타고

A whole new world, A new fantastic point of view
완전히 새로운 세상, 새로운 환상적인 관점에서

No one to tell us, "No," Or where to go, Or say we're only dreaming
아무도 우리에게 "아니오" 또는 어디로 가야 할지, 단지 꿈을 꾸는 것이라고 말할 수
없죠

A whole new world, A dazzling place I never knew, But when I'm way up
here
완전히 새로운 세상, 미처 몰랐던 눈부신 곳, 하지만 내가 여기까지 왔을 때

It's crystal clear, That now I'm in a whole new world with you
이제 분명해졌다, 지금 내가 당신과 함께 완전히 새로운 세상에 있다는 걸

(Now I'm in a whole new world with you) Unbelievable sights
(이제 난 너와 함께 완전히 새로운 세상에 있어), 믿을 수 없는 광경

Indescribable feeling, Soaring, tumbling, freewheeling
형용할 수 없는 느낌, 솟아오르고, 구르고, 자유로이 굴러가는

Through an endless diamond sky, A whole new world
끝없는 다이아몬드 하늘을 통해, 완전히 새로운 세상

Mena Massoud

Mena Mansour Massoud (born 17 September 1991) is an Egyptian-born Canadian actor known for starring as the title character in the Disney fantasy film Aladdin (2019).

He and his family emigrated to Canada when he was three years old. They wanted to create a better life for their family so they decided to emigrate to Canada.

He attended the University of Toronto with a major in neuroscience, in the pursuit of becoming a doctor or psychologist. He did not finish this degree, and instead auditioned for theatre schools. Massoud eventually transferred to Ryerson University for their theatre performance program, which he graduated from in 2014.

In 2019, Massoud portrayed the titular character in Disney's fantasy-adventure film Aladdin, which is a live-action adaption of the animated film of the same name. For his performance, he received a Teen Choice Award nomination, and two National Film & TV Award nominations.

Naomi Scott

Naomi Scott (born 6 May 1993) is an English actress and singer. She is of English and Indian descent.

She rose to prominence for her performances in the television film Lemonade Mouth (2011) and the science fiction series Terra Nova (2011).

She achieved further recognition for starring as Princess Jasmine in Disney's musical live-action fantasy film Aladdin (2019), which earned her a Saturn Award nomination.

Aladdin is a 2019 American musical fantasy film directed by Guy Ritchie from a screenplay he co-wrote with John August. Aladdin was also commercially successful, grossing $1 billion at the box office.

Part 3 **What we achieve inwardly will change outer reality**

1

Every day of my working week in my early 20s I was reminded how incredibly fortunate I was, to live in a country with a democratically elected government, where legal representation and a public trial were the rights of everyone.

2

Every day, I saw more evidence about the evils humankind will inflict on their fellow humans, to gain or maintain power. I began to have nightmares, literal nightmares, about some of the things I saw, heard, and read. And yet I also learned more about human goodness at Amnesty International than I had ever known before.

3

Amnesty mobilizes thousands of people who have never been tortured or imprisoned for their beliefs to act on behalf of those who have. The power of human empathy, leading to collective action, saves lives, and frees prisoners. Ordinary people, whose personal well-being and security are assured, join together in huge numbers to save people they do not know, and will never meet. My small participation in that process was one of the most humbling and inspiring experiences of my life.

4

Unlike any other creature on this planet, humans can learn and understand, without having experienced. They can think themselves into other people's places. Of course, this is a power, like my brand of fictional magic, that is morally neutral. One might use such an ability to manipulate, or control, just as much as to understand or sympathize.

5

And many prefer not to exercise their imaginations at all. They choose to remain comfortably within the bounds of their own experience, never troubling to wonder how it would feel to have been born other than they are. They can refuse to hear screams or to peer inside cages; they can close their minds and hearts to any suffering that does not touch them personally; they can refuse to know.

6

I might be tempted to envy people who can live that way, except that I do not think they have any fewer nightmares than I do. Choosing to live in narrow spaces leads to a form of mental agoraphobia, and that brings its own terrors. I think the wilfully unimaginative see more monsters. They are often more afraid.

7

What is more, those who choose not to empathise enable real monsters. For without ever committing an act of outright evil ourselves, we collude with it, through our own apathy.

8

One of the many things I learned at the end of that Classics corridor down which I ventured at the age of 18, in search of something I could not then define, was this, written by the Greek author Plutarch: What we achieve inwardly will change outer reality.

9

That is an astonishing statement and yet proven a thousand times every day of our lives. It expresses, in part, our inescapable connection with the outside world, the fact that we touch other people's lives simply by existing.

10

But how much more are you, Harvard graduates of 2008, likely to touch other people's lives? Your intelligence, your capacity for hard work, the education you have earned and received, give you unique status, and unique responsibilities. Even your nationality sets you apart. The great majority of you belong to the world's only remaining superpower. The way you vote, the way you live, the way you protest, the pressure you bring to bear on your government, has an impact way beyond your borders. That is your privilege, and your burden.

11

If you choose to use your status and influence to raise your voice on behalf of those who have no voice; if you choose to identify not only with the powerful, but with the powerless; if you retain the ability to imagine yourself into the lives of those who do not have your advantages, then it will not only be your proud families who celebrate your existence, but thousands and millions of people whose reality you have helped change. We do not need magic to change the world, we carry all the power we need inside ourselves already: we have the power to imagine better.

12

I am nearly finished. I have one last hope for you, which is something that I already had at 21. The friends with whom I sat on graduation day have been my friends for life. They are my children's godparents, the people to whom I've been able to turn in times of trouble, people who have been kind enough not to sue me when I took their names for Death Eaters. At our graduation we were bound by enormous affection, by our shared experience of a time that could never come again, and, of course, by the knowledge that we held certain photographic evidence that would be exceptionally valuable if any of us ran for Prime Minister.

13

So today, I wish you nothing better than similar friendships. And tomorrow, I hope that even if you remember not a single word of mine, you remember those of Seneca, another of those old Romans I met when I fled down the Classics corridor, in retreat from career ladders, in search of ancient wisdom: As is a tale, so is life: not how long it is, but how good it is, is what matters. I wish you all very good lives.

Thank you very much.

Notes

democratically elected government: 민주적으로 선출된 정부, democratic 민주적인, democratically controlled 민주적으로 운영되는

legal representation: 법정 대리, legal advice and representation 법률상담 및 법정대리, legal management 법정 관리

public trial: 공개 재판, 법정 공판, The case is under public trial. 그 사건은 현재 공판 중이다. a murder trial 살인 사건 공판

inflict on: ~에게 (괴로움을) 가하다, Please don't inflict harm on the cats. 고양이에게 위해를 가하지 말아주세요.

nightmare, literal nightmare: 악몽, 글자 그대로의 진짜 악몽, literal 문자 그대로의, I am not referring to 'small' people in the literal sense of the word. 내가 말하는 '작은' 사람들이란 문자 그대로의 의미로 쓴 것이 아니다.

mobilize: 동원하다, mobilize the police 경찰을 동원하다, They were unable to mobilize the resources. 그들은 자원을 동원할 수가 없었다.

be tortured: 고문당하다, torture 고문하다, torture with water 물 고문하다, torture to death 고문해서 죽게 하다

be assured: 확실하다, 보장 받다 = guaranteed, assurance 확신, 확언, 장담

humbling and inspiring experiences: 겸손하고 영감을 주는 경험들, humble 겸손한, inspire 고문하다, 영감을 주다

morally neutral: 도덕적으로 중립인 (선도, 악도 아닌), I didn't take my father's or my mother's side; I tried to remain neutral. 나는 아버지 편도, 어머니 편도 들지 않고 중립을 지키려고 애썼다.

manipulate: (교묘히, 부정직하게 사람이나 사물을) 조종하다, 조작하다, manipulate public opinion 여론을 조작하다, manipulate people 사람들을 조종하다, manipulate law 탈법행위를 저지르다

sympathize: 동정하다, 측은히 여기다, sympathy 동정, 연민, I sympathize, but I don't know how to help. 가엾지만 어떻게 도와야 할지 모르겠다.

refuse to hear or to peer: 듣거나 주의해서 보기를 거부한다, refuse 거부하다, peer 자세히 들여다 보다, 응시하다

a form of mental agoraphobia: 정신적 광장 공포증 형태, agoraphobia 광장 공포증, My uncle suffers from agoraphobia. 우리 삼촌은 광장 공포증을 앓고 있다.

collude with it: 그것과 한 통이 되다, 그것과 공모하다, collude 공모하다, Why

do you think the police would collude in this? 당신은 왜 그 경찰이 이 사건에 연루되었다고 생각하세요?

apathy: 무관심, have an apathy to …에 냉담하다, shed one's apathy 무관심한 태도를 버리다

has an impact way beyond your border: 국경을 훨씬 너머 영향력을 갖는다, beyond 저 편에, 저 건너에, way beyond 훨씬 넘어선, way (부사) 아주 멀리, 큰 차이로, 훨씬

on behalf of: ~를 대신해서

the powerful: 힘 있는 사람, the powerless 힘없는 사람

retain: 유지하다, 함유하다, retain the ability to ~할 능력을 갖고 있다, retain your independence 당신의 독립을 유지하다

be bound by: ~에 둘러 쌓여있다, cf. be bound to 틀림없이 ~~할 것이다

run for Prime Minister: 수상에 출마하다, 입후보하다, run for election 선거에 출마하다, run for office 공직에 출마하다

in retreat from: ~~로부터 사라지는, retreat 멀어져가다, 후퇴하다, 사라지다

in search of: ~를 찾아서, search 찾기, 수색, 뒤지다, 찾다, a search and rescue team 수색구조팀

지문 해석

1

20대 초반에 매일 일하면서 민주적으로 선출되는 정부의 나라에서 살고 있고, 법정 대리와 공개 재판이 모든 사람들의 권리인 나라에 사는 제가 얼마나 운이 좋은지 생각했습니다.

2

매일 저는 인간이 그의 동료 인간에게 권력을 얻고 유지하려고 저지르는 악의 증거를 보았습니다. 그리고 제가 보고 듣고 읽었던 것에 대해, 말 그대로의 악몽을 꾸기 시작했습니다. 그러나 또한 저는 제가 이전에 알았던 것보다 더 많은 인간의 선행에 대해서도 국제 암네스티에서 알게 되었습니다.

3

암네스티는 고문당하거나 투옥된 사람들을 대신하여 활동한다는 믿음으로 그런 적이 없는 사람들을 끌어모읍니다. 이 같은 인간 공감의 힘은 단체행동을 이끌고 생명을 구하고 투옥자를 해방했습니다. 개인의 행복과 안정이 보장된 보통 사람들이 그들이 모르는 사람, 절대 만날 것 같지 않는 사람을 구하기 위해 거대한 숫자로 함께 모였습니다. 그 과정에 저의 작은 참여는 제 삶에서 가장 겸허하고 감격스러운 경험이었습니다.

4

이 지구상에 어느 다른 창조물과 달리 경험하지 않고도 인간은 배울 수 있고 이해할 수 있습니다. 그들은 다른 사람의 입장에서 생각할 수 있습니다. 물론, 이것은 힘입니다. 저의 가상의 마법 브랜드처럼 그것은 도덕적으로 중립적인 힘입니다. 사람들은 그런 능력을 이해하고 동정하고 공감하는 데 쓸 수 있는 것처럼 통제하거나 조작하는 데에도 쓸 수도 있습니다.

5

그리고 많은 사람들은 그들의 상상력을 발휘하는 것을 좋아하지 않습니다. 그들이 다른 나라에서 태어났더라면 어떤 느낌일지 궁금해 하는 수고를 하지 않으면서 그들은 그들 자신의 경험의 범위 안에 편안하게 남아 있기를 선택합니다. 그들은 비명소리 듣기를 거부할 수 있고 새장 안을 들여다보기를 거부할 수 있습니다. 그들은 개인적으로 닿지 않는 어떤 고통에 마음과 가슴을 닫을 수 있습니다: 그들은 알기를 거부할 수 있습니다.

6

제가 그런 방식으로 사는 사람을 부러워하고 싶을 수도 있습니다. 저보다 덜 악몽을 꿀 거라는 걸 제외한다면 말이죠. 좁은 공간에서 사는 삶의 선택은 정신적 광장 공포증 형태로 이어집니다. 그리고 그 자체로 공포를 야기합니다. 의도적인 비상상력은 더 많은 악마를 보게 합니다. 대개 그들은 더 두렵습니다.

7

더구나 공감하지 않음을 선택하는 사람은 진짜 악마가 됩니다. 우리 자신의 악을 노골화하는 행위 없이 우리는 우리 자신의 냉담함으로 한통속이 됩니다.

8

제가 뭔지 모를 어떤 것을 찾아서, 18살의 나이에 도전했던 그 클래식의 복도 끝에서 내가 배운 많은 것 중 하나는 이것입니다: 그리스의 플루타르크에 의해 쓰여진 내면에서 성취된 것은 외부 현실을 변화시킬 것이다.

9

그것은 놀라운 말이었고 아직도 내 삶에서 수천 번 증명되었습니다. 그것은 부분적으로 바깥세상과 우리의 달아날 수 없는 관계를 나타냅니다. 그저 존재함으로써 다른 사람의 삶에 관여한다는 사실을.

10

그러나 2008년 하버드 졸업생 여러분 중 얼마나 많은 사람들이 다른 사람의 삶에 관여하려고 할까요? 당신의 지성, 어려운 일에 대한 당신의 능력, 당신이 성취한 교육은 당신에게 독특한 지위를 부여하고 독특한 책임감을 부여합니다. 당신의 국적이 당신을 예외로 해 놓을 수도 있습니다. 여러분 대부분은 세계에 오직 하나 남은 초강세력(국가)에 속해 있습니다. 당신이 투표하는 방식, 당신이 사는 방식, 당신이 저항하는 방식, 당신이 당신 정부에 주는 압력이 당신의 경계를 넘어 영향력을 갖습니다. 그것은 특권이기도 하고 짐이기도 합니다.

11

당신의 위치와 영향력으로 목소리를 낼 수 없는 사람들을 위해 당신이 목소리를 높인다면, 당신이 당신과 같은 이점을 갖지 못한 사람들의 삶속으로 들어가는 상상력을 갖는다면, 당신은 당신의 존재를 축하하는 자랑스런 가족들뿐 아니라 당신이 돕는 수천, 수백만 사람들의 현실을 바꿀 것입니다. 우리가 세상을 바꾸는 데 마법이 필요하지 않습니다. 이미 우리는 우리 내면에 모든 힘을 가지고 있습니다. 우리는 상상하는 힘을 가지고 있습니다.

12

제 이야기는 이제 거의 끝나갑니다. 당신에게 마지막 희망이 하나 있는데 그것은 제가 21살 때 가졌던 것입니다. 졸업식 날 나와 함께 앉아 있었던 친구들이 평생 저의 친구였습니다. 그들은 제 아이들의 대부, 대모이고 어려울 때 기댈 수 있는 사람들이고, 죽음을 먹는 자(Death Eater)에게 그들의 이름을 대도 저를 고소하지 않을 사람들입니다. 이 졸업식에서 우리는 큰 사랑에 둘러싸여 있고 다시는 오지 않을 경험의 시간을 나누면서, 물론 우리 중 누구라도 수상에 출마한다면 함께 찍은 사진을 아주 귀중하게 여기게 될 순간임을 알고 있습니다.

13

오늘 저는 여러분께 비슷한 우정을 바랍니다. 그리고 내일 여러분이 제 말을 하나도 기억하지 못해도 그 클래식 복도로 제가 달아났을 때 만난 고대 로마인 세네카의 말을 기억하기 바랍니다: 이야기처럼 인생도 그렇다. 얼마나 긴가가 아니라 얼마나 좋은가가 중요하다. 여러분 모두 좋은 인생을 사시기 바랍니다.

대단히 감사합니다.

Vocabulary & Sentence Pattern

1. 감탄문

말하는 사람의 감정을 표현

How + 형용사 + 주어 + 동사 ~

ex How incredibly fortunate I was! 저는 정말로 운이 좋았습니다.

What a + 형용사 + 주어 + 동사 ~

ex What a wonderful world we live in. 우리가 사는 이 세상이 너무 멋져요.

2. ~pathy, ~pathise

sympathy 동정, 연민, sympathetic 동정어린, 동조적인

ex His case is unlikely to evoke public sympathy. 그의 사건이 대중의 연민을 자아낼 것 같지는 않다.

ex It's such a sympathetic and cute story. 정말 공감되고 귀여운 사연이다.

apathy 무관심, have an apathy to ~에 냉담하다

ex Lots of citizens feel apathy toward politics. 많은 시민들은 정치에 무관심하다.

ex Science may have found a cure for most evils; but it has found no remedy for the worst of them all – the apathy of human beings. (Helen Keller) 과학이 거의 모든 악의 치료약을 찾아내긴 했지만, 그 중 최악에 대한 약은 찾지 못했다. 그것은 바로 인간의 무관심. (헬렌 켈러, 과학명언)

empathy 감정이입, 공감, empathy ability 공감능력

ex <u>The power of empathy</u>, leading to collective action, saves lives. 공감의 힘은 집단 행동을 이끌어서 목숨을 구할 수 있다.

ex It is important to develop <u>empathy for other people's situations</u>. 다른 사람들의 입장으로 감정이입을 시켜보는 것이 중요하다.

empathize 공감하다

ex <u>Those who choose not to empathize</u> enable real monsters. 공감하지 않는 사람들은 진짜 악마가 가능케 한다.

3. experience

(동사) (어려움을) 겪다, 경험하다, (명사) 경험
a fulfilling experience 성취감을 주는 경험, a traumatic experience 대단히 충격적인 경험, an upsetting experience 속상하게 하는 경험, to gain hands-on experience of industry 사업상의 직접적인 경험을 하다

ex I cannot criticise my parents for hoping that I would <u>never experience poverty</u>. 나는 내가 결코 가난을 겪지 않기를 바라는 부모님을 비난할 수 없다.

ex Unlike any other creature on this planet, humans can learn and understand, <u>without having experienced</u>. 이 지구상의 다른 동물과 달리 인간은 경험하지 않고도 배우고 이해할 수 있다.

ex They choose to remain comfortably within <u>the bounds of their own experience</u>. 그들은 그들 자신의 경험 안에서 편안하게 머무는 것은 선택한다.

ex Reading this essay was <u>an elevating experience</u>. 이 산문을 읽는 것은 정신을 고양시키는 경험이었다.

4. in search of

~~를 찾아서, in search of happiness 행복을 찾아서

ex She went into the kitchen <u>in search of a drink</u>. 그녀는 마실 것[술]을 찾아 부엌으로 들어갔다.

ex She went to Hollywood <u>in search of fame and fortune</u>. 그녀는 돈과 명예를 찾아 할리우드로 갔다.

ex Many young people gravitate to the cities <u>in search of work</u>. 많은 젊은 이들이 일을 찾아 도시로 모여든다.

ex He ranges far and wide <u>in search of inspiration for his paintings</u>. 그는 자기 그림에 영감이 될 것들을 찾아 두루 돌아다닌다.

ex Thousands were forced to migrate from rural to urban areas <u>in search of work</u>. 수천 명의 사람들이 일자리를 찾아 농촌에서 도회지로 이주해야만 했다.

ex <u>In search of something I could not then define</u>, was this, written by the Greek author Plutarch: What we achieve inwardly will change outer reality. 당시에 내가 정의하지는 못하였으나 찾고 있었던 것은 그리스 작가 플루타르크가 쓴 '우리 내면에서 성취된 것은 외부 현실을 바꿀 것이다'였다.

단어 복습 문제 & 예문 찾기

(다음 단어와 제시된 예문의 뜻은? 자신의 예문도 하나 더 찾아보면 좋겠죠?)

1. endure

ex He can't endure being defeated.

ex ....

2. expire

ex When does your driving licence expire?

ex ....

3. impoverish

ex The country was impoverished by the war.

ex ....

4. eager

ex Politicians are eager to jump on the environmental bandwagon.

ex ....

5. determination

ex He worked with renewed vigour and determination.

ex ....

6. discipline

ex I had a strong will and more discipline than I had suspected.

ex ....

7. qualification

ex Previous teaching experience is a necessary qualification for this job.

ex ....

8. evidence

ex We have abundant evidence to prove his guilt.

ex ....

refresh with pop song

Stronger_Kelly Clarkson

You know the bed feels warmer, Sleeping here alone
있잖아, 침대가 더 따뜻하게 느껴지네, 여기 혼자 자니까

You know I dream in color, And do the things I want
있잖아, 난 꿈도 컬러로 꾸고, 내가 원하는 것들을 하지

You think you got the best of me, Think you had the last laugh
넌 날 이겼다고 생각하겠지, 네가 최후의 미소를 지었다고 생각하니까

Bet you think that everything good is gone
넌 분명히 좋은 것들은 이제 다 없어졌다고 생각할 거야

Think you left me broken down, Think that I'd come running back
넌 날 망가뜨렸다고 생각하겠지, 넌 내가 다시 돌아올 거라고 생각하겠지

Baby you don't know me, cause you're dead wrong
넌 날 몰라, 넌 완전히 틀렸거든

What doesn't kill you makes you stronger, Stand a little taller

널 힘들게 한 고통은 널 더 강하게 만들 거야, 좀 더 당당하게 설 수 있게 하지

Doesn't mean I'm lonely when I'm alone

내가 혼자 있다고 해서 외로운 것은 아니야

What doesn't kill you makes a fighter, Footsteps even lighter

널 힘들게 한 고통은 널 파이터로 만들지, 발걸음은 훨씬 가볍네

Doesn't mean I'm over 'cause you're gone

너가 떠났다고 내가 끝난 건 아니야

What doesn't kill you makes you stronger, stronger

널 힘들게 한 고통은 널 더 강하게 만들지, 더 강하게

Kelly Clarkson

Kelly Brianne Clarkson (born 24 April 1982) is an American singer, songwriter, author, and television personality.

She rose to fame after winning the first season of American Idol in 2002, which earned her a record deal with RCA.

Her debut single, "A Moment Like This," topped the US Billboard Hot 100, and became the country's best selling single of 2002.

Clarkson has sold over 25 million albums and 45 million singles worldwide. She has 11 top-ten singles in the US, and nine top-ten singles in the UK, Canada, and Australia.

She became the first artist in history to top each of Billboard's pop, adult contemporary, adult pop, country, and dance charts. Clarkson also served as a coach on The Voice from its fourteenth season to the twenty-first season, and since 2019, has hosted her own talk show, The Kelly Clarkson Show.

Among her numerous accolades, Clarkson has received three MTV Video Music Awards, four American Music Awards, two Academy of Country Music Awards, five Daytime Emmy Awards, and a star on the Hollywood Walk of Fame.

Stronger

This song is great to listen to following a break up, but it can also motivate you in any difficult situation.

The lyrics encourage us to remain optimistic and confident in our individual abilities.

Hardships can actually strengthen us and prepare us for tougher battles that lie ahead.

Chapter 05

There Is Not a Liberal America
and a Conservative America,
There Is the United States of America
_Barack Obama

버락 오바마는 1961년 8월 4일 미국 하와이에서 출생한 정치인으로 미합중국 제44대 대통령이다. 2008년 미국 대통령 선거에 민주당 소속으로 출마, 미국 최초로 아프리카계 미국인으로 44대 대통령에 당선되었으며, 2012년 미국 대통령 선거에서 재선에 성공해 총 8년의 임기를 마치고 퇴임하였다. 역대 미국 대통령 중 최초이자 현재까지 유일한 흑인 대통령이다.

풀네임은 버락 후세인 오바마 2세이며, 이 이름 자체가 다양한 배경을 암시하고 있다. 버락은 스와힐리어로 "신의 축복을 받은 자"라는 의미이며 후세인은 무슬림인 그의 조부 이름을 딴 것이다. 오바마라는 이름은 케냐 루오족의 남자 이름이다. 오바마의 아버지는 23살에 미국 하와이대학 역사상 첫 아프리카 출신 학생으로 입학했고 그곳에서 18살의 미국 백인 소녀 앤을 만나 결혼하여 61년 오바마를 낳았다. 그러나 오바마가 2살 때 부모는 이혼했고 오바마는 미국인 어머니 한부모 가정에서 자라 본인은 무슬림이 아닌, 꽤나 복잡한 성장 환경의 소유자인 셈이다.

이 연설은 오바마가 일리노이주 상원의원이 었을 때 민주당 전당대회(2004년 DNC Convention)에서 당시 민주당 대통령 후보였던 John Kerry를 지지하는 연설로 전 세계가 오바마를 알게 한 유명한 연설이다. 이 연설에서 오바마는 민주당이 추구하는 미국에 대해 쉽고 간결하게 잘 설명해주고 있다.

Part 1 **We gather to affirm the greatness of our nation**

1

Thank you so much. Thank you so much. Thank you.

On behalf of the great state of Illinois, crossroads of a nation, Land of Lincoln, let me express my deepest gratitude for the privilege of addressing this convention.

2

Tonight is a particular honor for me because — let's face it — my presence on this stage is pretty unlikely. My father was a foreign student, born and raised in a small village in Kenya. He grew up herding goats, went to school in a tin-roof shack. His father — my grandfather — was a cook, a domestic servant to the British.

3

But my grandfather had larger dreams for his son. Through hard work and perseverance my father got a scholarship to study in a magical place, America, that shone as a beacon of freedom and opportunity to so many who had come before.

4

While studying here, my father met my mother. She was born in a town on the other side of the world, in Kansas. Her father worked on oil rigs and farms through most of the Depression. The day after Pearl Harbor my grandfather signed up for duty; joined Patton's army, marched across Europe.

5

Back home, my grandmother raised their baby and went to work on a bomber assembly line. After the war, they studied on the G.I. Bill, bought a house through F.H.A., and later moved west all the way to Hawaii in search of opportunity. And they, too, had big dreams for their daughter. A common dream, born of two continents.

6

My parents shared not only an improbable love, they shared an abiding faith in the possibilities of this nation. They would give me an African name, Barack, or "blessed," believing that in a tolerant America your name is no barrier to success.

7

They imagined me going to the best schools in the land, even though they weren't rich, because in a generous America you don't have to be rich to achieve your potential. They are both passed away now. And yet, I know that, on this night, they look down on me with great pride.

8

I stand here today, grateful for the diversity of my heritage, aware that my parents' dreams live on in my two precious daughters. I stand here knowing that my story is part of the larger American story, that I owe a debt to all of those who came before me, and that, in no other country on earth, is my story even possible.

9

Tonight, we gather to affirm the greatness of our nation — not because of the height of our skyscrapers, or the power of our military, or the size of our economy.

10

Our pride is based on a very simple premise, summed up in a declaration made over two hundred years ago: 'We hold these truths to be self-evident, that all men are created equal. That they are endowed by their Creator with certain inalienable rights. That among these are life, liberty and the pursuit of happiness.'

11

That is the true genius of America — a faith in simple dreams, an insistence on small miracles. That we can tuck in our children at night and know that they are fed and clothed and safe from harm. That we can say what we think, write what we think, without hearing a sudden knock on the door. That we can have an idea and start our own business without paying a bribe. That we can participate in the political process without fear of retribution, and that our votes will be counted at least, most of the time.

12

This year, in this election, we are called to reaffirm our values and our commitments, to hold them against a hard reality and see how we are measuring up, to the legacy of our forbearers, and the promise of future generations.

Notes

the great state of Illinois, crossroads of nation, Land of Lincoln: 일리노이 주를 일컫는 말, 일리노이는 미국 내 인구 6위, GDP 5위의 미국 중서부에 위치한 주로서 교통의 중심지이며, 링컨이 국회의원을 지낸 주이기도 하다.

school in a tin-roof shack: 양철지붕의 판잣집 학교, shack 판잣집, 오두막, They lived in a shack with a dirt floor. 그들은 바닥이 흙으로 된 오두막에 살았다.

through hard work and perseverance: 열심히 일하고 인내함으로써, perseverance 인내, The only way to improve is through hard work and dogged perseverance. 향상으로 나아가는 유일한 길은 근면과 불굴의 인내를 통하는 것뿐이다.

shone as a beacon of freedom and opportunity: 자유와 기회의 불빛으로 비춰진, beacon 신호등, 불빛, He was a beacon of hope for the younger generation. 그는 젊은 세대에게 희망의 불빛이었다.

the other side of the world, in Kansas: 세상 반대편 캔사스에서, Kansas 미국 중서부에 위치한 인구 290만의 주, 미국 51개 주중 소득 랭킹 31번째

oil rigs: 석유 굴착 장치, oil rig worker 석유 굴착 노동자

the Depression: 1930년대의 대공황

the day after Pearl Harbor: 진주만 공격 다음 날

studied on the G.I.Bill: G.I.Bill로 공부했다, 귀환한 제2차 세계대전 참전용사들에게 다양한 혜택을 제공하는 군인 재조정법, 이 법으로 인해 귀환 용사들은 대학, 대학원, 각종 훈련 프로그램 등 각종 교육혜택을 받을 수 있었다.

improbable love: 별난 사랑, improbable 사실[있을 것] 같지 않은 (=unlikely), (↔ probable), an improbable story 있음직하지 않은 이야기

abiding faith: 변치 않는 믿음, abiding 지속적인, 변치 않는, law-abiding citizens 법을 준수하는 시민들, an abiding friendship 변치 않는 우정

passed away: 돌아가셨다

the diversity of my heritage: 저의 유산의 다양성, heritage (앞 세대가 물려준 사물, 문화 등) 유산, cultural heritage 문화적 유산, World Cultural Heritage Sites 세계문화유산 유적지

I owe a debt to: ~에게 신세를 졌다, 빚을 졌다

affirm the greatness of our nation: 우리나라의 위대함을 확언하다, affirm 단언하다, 확언하다(=confirm), fear to affirm 단언하기를 꺼리다, affirm the report 보도를 긍정하다

a very simple premise: 아주 기본적인 전제, 기본 전제, What I'm saying is based on this premise. 이걸 전제로 두고 말씀 드리는 겁니다.

summed up in a declaration: (미국독립) 선언서에 요약되어 있다, declaration 선언문, 선언, the Declaration of Independence 미국독립선언서

self-evident: 자명한, We hold these truths to be self-evident. 우리는 이들 진리가 자명하다고 여기고 있습니다.

certain inalienable rights: 확실한 양도 불가한 권리, inalienable rights 이양할 수 없는 권리(생명·자유·행복 추구권: 미국 독립 선언문의 구절), inalienable 빼앗을 수 없는

without paying a bribe: 뇌물을 주지 않고, bribe 뇌물, bribe a detective 형사를 매수하다, reject the bribe 뇌물을 거절하다

without fear of retribution: 응징에 대한 두려움 없이, inevitable retribution 피할 길 없는 인과, the day of retribution 최후의 심판일, 응보의 날

how we measuring up: 우리가 어떻게 부합하는지, measure up (to something/somebody) (기대·필요에) 부합하다[미치다] (=match up)

the legacy of our forbearers: 우리 선조들의 유산, legacy 유산, the legacy of ancient Rome 고대 로마의 유산, intellectual legacy 지적 유산

지문 해석

1

감사합니다. 감사합니다. 링컨의 땅, 이 나라의 교차로, 위대한 일리노이주를 대표하여 이 컨벤션에서 연설하는 특권을 갖게 된 것에 대해 깊은 감사를 표합니다.

2

오늘밤이 제게는 특별한 영광입니다. 네~! 바로 얘기하죠. 이 무대에 제가 서는 것은 상당히 의외이지요. 저의 아버지는 케냐의 작은 마을에서 태어나고 자란 외국인 학생이었습니다. 그는 염소를 키우며 자랐고 양철지붕의 판자집 학교에 다녔습니다. 그의 아버지, 즉 저의 할아버지는 영국인 집의 요리사였습니다.

3

그러나 저의 할아버지는 그의 아들에 대한 큰 꿈이 있었습니다. 열심히 일하고 인내함으로서 저의 아버지는 이전에 미국에 온 수많은 사람들에게 자유와 기회라는 불빛으로 비추어진 미국이라는 마법의 땅에서 공부할 수 있는 장학금을 땄습니다.

4

이곳에서 공부하는 동안 저의 아버지는 어머니를 만났습니다. 저의 어머니는 세상의 반대편 캔사스의 한 마을에서 태어났습니다. 그녀의 아버지는 대공황 시기의 대부분을 농장과 원유 굴착일을 했습니다. 진주만 공격 다음날 저의 외할아버지는 군에 입대하여 패턴부대에 합류했고 유럽으로 건너갔습니다.

5

집에서는 제 외할머니가 아이들을 키웠고 폭격기 제조라인에서 일했습니다. 전쟁 이후 외할아버지와 외할머니는 G.I.Bill (제2차 세계대전에 참전한 귀환 군인에게 다양한 혜택을 제공하는 법률)로 공부했고 F.H.A. (Federal Housing Administration)를 통해 집을 샀습니다. 나중에 기회를 찾아 하와이로 이주했고, 그들도 역시 그들의 딸에게 큰 꿈이 있었습니다. 공통의 꿈이 두 대륙에서 생겨났죠.

6

저의 부모님은 별난 사랑을 했을 뿐만 아니라 이 나라의 가능성에 대한 변치 않는 믿음을 공유했습니다. 그들은 아량이 큰 미국에서 이 이름이 성공에 장애가 되지 않을 것을 믿으며, 제게 Barack, '축복 받은'이라는 이름을 지어주셨습니다.

7

저의 부모님은 부자가 아니었지만 제가 이 나라에서 가장 좋은 학교에 가는 것을 상상했습니다. 왜냐고요? 관대한 미국에서는 당신의 가능성을 실현하기 위해 반드시 부자일 필요는 없기 때문이죠. 이제는 그들 두 분 다 돌아가셨습니다. 그러나 저는 오늘밤 그들이 아주 큰 자부심을 갖고 저를 내려다보고 있음을 알고 있습니다.

8

저는 오늘 여기 서 있습니다. 제 유산의 다양성에 감사하면서. 그리고 제 부모님의 꿈이 제 두 딸에게 살아있음을 알고 있습니다. 저는 제 이야기가 더 큰 미국 이야기의 한 부분임을 알고 여기 서 있습니다. 그리고 저는 저보다 먼저 온 모든 분들에게 신세를 졌다는 것을 알고 있고 이 세상의 어느 나라에서도 제 이야기가 가능하지 않다는 것을 알고 있습니다.

9

오늘밤, 우리는 우리나라의 위대함을 단언하기 위해 모였습니다. 그 위대함은 고층빌딩의 높이 때문이거나 우리 군인의 파워, 또는 우리 경제의 크기 때문이 아닙니다.

10

우리의 자부심은 아주 단순한 기본전제로 200년도 더 전에 독립선언서에 요약되어 있습니다. "모든 사람은 평등하게 태어났고, 그들의 창조주로부터 박탈할 수 없는, 양도할 수 없는 권한을 부여 받았다. 그것은 삶, 자유, 행복을 추구할 권리이다."

11

이것이 미국의 진짜 위대함입니다. 단순한 꿈에 대한 믿음, 작은 기적이 일어날 것이라는 확신, 밤중에 우리 아이들을 재울 수 있고, 입히고 먹이고 위험으로부터 안전하다는 것을 아는 것, 갑작스런 노크소리를 듣지 않으면서 우리가 생각하는 것을 말할 수 있고 우리가 생각한 것을 쓸 수 있고, 뇌물을 주지 않고 우리 자신들의 사업을 구상하고 시작할 수 있는 곳, 응징에 대한 두려움 없이 정치적 행렬에 참여할 수 있고 언제나 우리의 투표가 세어진다는 것 등입니다.

12

올해, 이 선거에서 우리는 우리의 가치와 책무를 어려운 현실에서 지켜내고 미래 세대에 대한 약속과 우리 선조들의 유산에 대해 어떻게 그것을 부합하게 할 수 있는지를 재확인하고자 합니다.

Vocabulary & Sentence Pattern

1. through

…을 통해, 관통하여, 무엇의 한쪽 끝면에서 다른 한쪽 끝면으로 나아가거나 이어짐을 나타냄

through a person 사람을 통해서

the importance of learning through play 놀이를 통한 학습의 중요성

a train ride through beautiful countryside 아름다운 전원 속으로 기차 타기

ex Through hard work and perseverance my father got a scholarship to study in a magical place. 열심히 일하고 인내를 통해서 제 아버지는 마법의 곳에서 공부할 수 있는 장학금을 받았다.

ex He elbowed his way through the crowd. 그는 사람들을 밀치고 앞으로 나아갔다.

ex We pushed our way through the throng. 우리는 인파 사이를 뚫고 길을 나아갔다.

ex He nudged his way through the crowd. 그는 사람들을 밀치며 그 사이로 나아갔다.

ex He got the job through an advertisement. 그는 광고를 통해서 일자리를 얻었다.

ex A tide of rage surged through her. 거센 분노의 파도가 솟구쳐 그녀를 사로잡았다.

2. share

(무엇을 다른 사람과) 함께 쓰다, 공유하다, (두 사람 이상이 무엇을) 나누다

ex   My parents <u>shared not only an improbable love</u>, they <u>shared an abiding faith</u> in the possibilities of this nation. 제 부모님은 특이한 사랑을 나누었을 뿐 아니라 이 나라의 가능성에 대해 지속적인 믿음을 공유했습니다.

3. even though

비록 ~~일지라도, 설사 ~~라고 할지라도

ex   They imagined me going to the best schools in the land, <u>even though they weren't rich</u>. 그들은 비록 가난했어도 내가 이 나라에서 제일 좋은 대학에 가는 꿈을 꾸었다.

ex   She never took a taxi, <u>even though she could afford to</u>. 그녀는 여유가 될 때에도 절대 택시를 타지 않았다.

ex   I like her, <u>even though she can be annoying</u> at times. 난 그녀를 좋아해. 그녀가 가끔 짜증스러울 때도 있지만 말야.

ex   It's a thrilling movie <u>even though it lacks subtlety</u>. 그것은 비록 절묘성[치밀성]은 부족하지만 스릴 있는 영화이다.

ex   She wouldn't change it, <u>even though she knew it was wrong</u>. 그녀는 그것이 잘못된 것인 줄 알면서도 바꾸려고 하지 않았다.

ex   He's the best teacher, <u>even though he has the least experience</u>. 그는 비록 경험은 가장 적지만 가장 훌륭한 선생님이다.

4. owe

(돈을) 빚지고 있다, 신세를 지고 있다, (성공)은 ~ 덕분이다, ~을 ~에게 빚지다

ex   I <u>owe a debt to all of those who</u> came before me. 저는 저보다 먼저 온 모든 분들에게 빚을 졌습니다.

ex   You <u>owe me a favour!</u> 넌 내게 신세진 게 있어!

ex I <u>owe him everything</u>. 나는 그에게 모든 것을 빚지고[신세지고] 있다.

ex I <u>still owe him $200</u>. 나는 그에게 아직도 200달러를 빚졌다.

단어 복습 문제 & 예문 찾기

(다음 단어와 제시된 예문의 뜻은? 자신의 예문도 하나 더 찾아보면 좋겠죠?)

1. gratitude

ex   Let me express my gratitude for the privilege of addressing this convention.

ex   ....

2. unlikely

ex   My presence on this stage is pretty unlikely.

ex   ....

3. sign up

ex   Her father worked on oil rigs through most of the Depression.

ex   ....

4. in search of

ex   They moved west all the way to Hawaii in search of opportunity.

ex   ....

5. generous

   ex He gave the waiter a generous tip.

   ex ....

6. precious

   ex My parents' dreams live on in my two precious daughters.

   ex ....

7. inalienable

   ex All men are created equal and endowed by their Creator with certain inalienable rights.

   ex ....

8. commitment

   ex In this election, we are called to reaffirm our values and our commitments.

   ex ....

Perfect_Ed Sheeran

I found a love, for me
나는 나만의 사랑을 찾았어

Darling, just dive right in and follow my lead
그대여, 그대로 뛰어들어, 나를 따라와

Well, I found a girl, beautiful and sweet
그래, 난 아름답고 사랑스런 여자를 찾았어

Oh, I never knew you were the someone waiting for me
나를 기다려 온 사람이 너일 줄은 몰랐어

'Cause we were just kids when we fell in love, Not knowing what it was
그때 우린 너무 어려서 사랑인지 몰랐어, 그게 무엇인지 몰랐어

I will not give you up this time, But darling, just kiss me slow
이번엔 널 포기하지 않아, 그대여, 천천히 키스해줘

Your heart is all I own, And in your eyes, you're holding mine
네 마음은 내 모든 것, 네 눈 속엔 사로잡힌 내 마음이

Baby, I'm dancing in the dark, With you between my arms
그대여, 난 어둠 속에서 춤을 춰, 두 팔로 너를 안고서

Barefoot on the grass, Listening to our favourite song
풀밭에 맨발로 서서, 우리가 좋아하는 노래를 들으며

When you said you looked a mess, I whispered underneath my breath
넌 네 모습이 엉망이라고 했지만, 난 숨결처럼 나직이 속삭였어

But you heard it, Darling, you look perfect tonight
그대도 들었을 거야, 그대여, 오늘밤 완벽해 보여

Ed Sheeran

Edward Christopher Sheeran MBE (born 17 February 1991) is an English singer-songwriter.

Sheeran sang at a local church choir at the age of four, learned how to play the guitar at age eleven, and began writing songs while at Thomas Mills High School in Framlingham.

He also played the cello when he was younger. A 2004 school report described him as a "natural performer," and his classmates also voted him "most likely to be famous."

He was accepted at the National Youth Theatre in London as a teenager. He successfully auditioned for Youth Music Theatre UK in 2007 and joined their production of Frankenstein – A New Musical in Plymouth.

He is a patron of Youth Music Theatre UK (now renamed British Youth Music Theatre) and of Access to Music, where he studied Artist Development.

Sheeran performed a gig in Bristol, which raised £40,000 for a charity that reaches out to street sex workers. "It's good to show insight that these people are real people with real emotions and they deserve the same charity work as anyone else," Sheeran said.

Sheeran made his acting debut in 2014, a cameo role as himself on New Zealand soap opera Shortland Street, filmed while he was in the country for a one-off performance.

Perfect

"Perfect" was the first track Sheeran wrote for his third studio album.

The song is a romantic ballad focusing on traditional marriage, written about his wife-to-be Cherry Seaborn, whom he knew from school and then reconnected with when she was working in New York.

Part 2 **We have more work to do**

1

And fellow Americans, Democrats, Republicans, Independents — I say to you tonight: we have more work to do. More work to do for the workers I met in Galesburg, Ill., who are losing their union jobs at the Maytag plant that's moving to Mexico, and now are having to compete with their own children for jobs that pay seven bucks an hour.

2

More to do for the father that I met who was losing his job and choking back the tears, wondering how he would pay $4,500 a month for the drugs his son needs without the health benefits that he counted on. More to do for the young woman in East St. Louis, and thousands more like her, who has the grades, has the drive, has the will, but doesn't have the money to go to college.

3

Now don't get me wrong. The people I meet — in small towns and big cities, in diners and office parks — they don't expect government to solve all their problems. They know they have to work hard to get ahead — and they want to.

4

Go into the collar counties around Chicago, and people will tell you they don't want their tax money wasted, by a welfare agency or by the Pentagon.

5

Go into any inner city neighborhood, and folks will tell you that government alone can't teach our kids to learn — they know that parents have to teach, that children can't achieve unless we raise their expectations and turn off the television sets and eradicate the slander that says a black youth with a book is acting white. They know those things.

6

People don't expect government to solve all their problems. But they sense, deep in their bones, that with just a slight change in priorities, we can make sure that every child in America has a decent shot at life, and that the doors of opportunity remain open to all. They know we can do better. And they want that choice.

7

In this election, we offer that choice. Our Party has chosen a man to lead us who embodies the best this country has to offer. And that man is John Kerry. John Kerry understands the ideals of community, faith, and service because they've defined his life. From his heroic service to Vietnam, to his years as a prosecutor and lieutenant governor, through two decades in the United States Senate, he has devoted himself to this country.

8

Again and again, we've seen him make tough choices when easier ones were available. His values — and his record — affirm what is best in us. John Kerry believes in an America where hard work is rewarded; so instead of offering tax breaks to companies shipping jobs overseas, he offers them to companies creating jobs here at home.

9

John Kerry believes in an America where all Americans can afford the same health coverage our politicians in Washington have for themselves. John Kerry believes in energy independence, so we aren't held hostage to the profits of oil companies, or the sabotage of foreign oil fields.

10

John Kerry believes in the Constitutional freedoms that have made our country the envy of the world, and he will never sacrifice our basic liberties, nor use faith as a wedge to divide us. And John Kerry believes that in a dangerous world war must be an option sometimes, but it should never be the first option.

11

You know, a while back, I met a young man named Shamus [Seamus?] in a V.F.W. Hall in East Moline, Ill. He was a good-looking kid, six two, six three, clear eyed, with an easy smile. He told me he'd joined the Marines, and was heading to Iraq the following week. And as I listened to him explain why he'd enlisted, the absolute faith he had in our country and its leaders, his devotion to duty and service, I thought this young man was all that any of us might hope for in a child.

12

But then I asked myself: Are we serving Shamus as well as he is serving us? I thought of the 900 men and women — sons and daughters, husbands and wives, friends and neighbors, who won't be returning to their own hometowns. I thought of the families I've met who were struggling to get by without a loved one's full income, or whose loved ones had returned with a limb missing or nerves shattered, but who still lacked long-term health benefits because they were Reservists.

13

When we send our young men and women into harm's way, we have a solemn obligation not to fudge the numbers or shade the truth about why they're going, to care for their families while they're gone, to tend to the soldiers upon their return, and to never ever go to war without enough troops to win the war, secure the peace, and earn the respect of the world.

14

Now let me be clear. Let me be clear. We have real enemies in the world. These enemies must be found. They must be pursued — and they must be defeated. John Kerry knows this. And just as Lieutenant Kerry did not hesitate to risk his life to protect the men who served with him in

Vietnam, President Kerry will not hesitate one moment to use our military might to keep America safe and secure.

15

John Kerry believes in America. And he knows that it's not enough for just some of us to prosper. For alongside our famous individualism, there's another ingredient in the American saga. A belief that we're all connected as one people.

Notes

Democrats, Republicans, Independents: 민주당원들, 공화당원들, 무소속인 사람들

compete with: ~와 경쟁하다, ~와 승부를 겨루다

seven bucks an hour: 시간당 7달러, buck 달러

chocking back the tears: 눈물을 참다, choke back 감정 따위를 억지로 누르다, 참다, choke back one's passion 격정을 억누르다

who has the grades, has the drive, has the will: 점수도 되고, 투지도 있고, 의지도 있는 사람

don't get me wrong: 오해하지 마라, get wrong 오해하다, There's a lot of details you could get wrong. 당신이 오해할 수 있는 자세한 것들이 많이 있다.

collar counties around Chicago: 시카고 주변의 카운티들을 가리킴

eradicate the slander: 중상모략을 뿌리 뽑다, eradicate 근절하다, 뿌리 뽑다, eradicate corruption 부패를 뿌리 뽑다, eradicate crime 범죄를 뿌리 뽑다,

slander 중상모략, 비방, spread slander 중상을 (널리) 퍼뜨리다. Truth is generally the best vindication against slander. 일반적으로 진실은 모함에 맞서는 최고의 해명(증명)이다.

acting white: 백인 행세하는 것, acting 연기, 행동, acting brand new 사람들을 향해 멋진 사람인 척 행동하는 것. You are acting like a dude. 너는 남자처럼 행동하고 있어.

a decent shot at life: 인생에 있어서 괜찮은 기회, decent (수준·질이) 괜찮은[제대로 된], ordinary, decent, hard-working people 품위를 지키며 열심히 일하는 보통 사람들, shot 시도, 기회, Give it a shot. 한번 해봐, 시도해봐.

embody the best: 최선을 구현하다, embody (사상·특질을) 상징[구현]하다 (=represent), embody democratic ideas in the speech 민주주의 사상[관념]을 연설에서 구체적으로 나타내다

They have defined his life: 그것들이 그의 삶을 묘사했다(그가 어떻게 살아 왔는지 설명해 주었다), define 분명히 밝히다, Two things define us: our patience when we have nothing and our attitude when we have everything. 사람을 판단하는 잣대는 두 가지다: 아무 것도 못 가졌을 때는 인내력으로, 그리고 모든 것을 다 가졌을 때는 그의 태도로 판단할 수 있다.

prosecutor: 검사, 검찰관, 기소 검사

lieutenant governor: (미국, 주) 부지사

tax breaks: 세금 우대, 감세 조치, receive tax breaks 세금 우대조치를 받다

hold hostage: 인질로 잡아두다, hostage 인질

as a wedge to divide us: 우리를 갈라놓을 쐐기로서, wedge 쐐기

enlist the absolute faith: 절대적 믿음을 갖다, enlist (협조·참여를) 요청하(여 얻)
다, 입대하다, 징집[모병]하다, to enlist as a soldier 사병으로 입대하다

struggle to get by: 그럭저럭 살아가려고 고군분투하다, get by 그럭저럭 살다,
get by with …으로 어떻게든 해나가다

with a limb missing or nerves shattered: 팔다리가 절단되거나 신경이 망가진 채
로, limb 팔다리, risk life and limb 목숨을 걸다

long-term health benefit: 장기 의료보험

a solemn obligation: 엄숙한 의무, solemn 엄숙한, a solemn expression 근엄한
표정, a solemn ritual 엄숙한 의식, obligation 의무

tend to the soldiers upon their return: 그들이 귀환했을 때 그들을 돕다, tend
돌보다, 보살피다, tend the sick 환자들을 간호하다

fudge the numbers: 숫자를 속이다, fudge 속이다, 얼버무리다

military might: 군사력

1

미국 시민 여러분, 민주당원, 공화당원, 독자노선을 걷는 여러분, 저는 오늘밤 여러분께 말씀드립니다: 우리는 해야 할 일이 많습니다. 멕시코로 이전하는 Maytag 공장에서 일자리를 잃은 분들, 한 시간에 7달러 주는 일자리를 그들 자신의 자녀들과 경쟁하고 있는 분들. 제가 Galesburg에서 만난 노동자분들을 위해 우리는 할 일이 많습니다.

2

일자리를 잃고 필요한 약을 사기 위해 한 달에 4,500달러를 어떻게 마련할지 막막한 제가 만난 아버지를 위해 할 일이 많습니다. 대학 갈 점수도 되고, 의지도 있지만, 돈이 없는 East St. Louis의 어린 여성들과 그녀와 같은 처지의 수천 명의 여성들을 위해 할 일이 많습니다.

3

오해하지 마십시오. 작은 마을에서, 큰 도시에서, 식당에서, 회사 공원에서 제가 만난 사람들. 그들은 그들의 문제를 정부가 모두 해결해 주기를 기대하지 않습니다. 그들은 알고 있습니다. 열심히 일해야 하고 또 그러길 원합니다.

4

시카고 주위의 칼라 카운티에 가 보세요. 사람들은 사회복지 기관이나 국방부에서 그들의 세금이 낭비되는 것을 원치 않는다고 말할 겁니다.

5

이웃하는 도심지역에 가보세요. 사람들은 정부 홀로 우리 아이들을 가르칠 수 없다고 말할 겁니다. 부모들이 가르쳐야 하고 우리가 그들의 기대를 높이고, TV를 끄고, 책을 보는 흑인 젊은이들은 백인인 척하는 거라는 중상모략을 뿌리 뽑지 않으면 아이들은 성공할 수 없음을 알고 있습니다.

6

사람들은 그들의 모든 문제를 정부가 해결해 줄 거라 기대하지 않습니다. 그러나 그들은 그들 뼛속 깊이 느낍니다. 우선순위를 조금만 바꾼다면 미국 내 모든 아이들이 인생에서 좋은 기회를 가질 수 있을 것을 확신합니다. 그리고 그 기회의 문들이 모두에게 열려있음을 확신할 수 있습니다. 그들은 알고 있습니다. 우리가 더 잘 할 수 있음을, 그리고 그들은 그 선택을 원합니다.

7

이 선거에서 우리는 그 선택을 제안합니다. 우리당은 이 나라가 제공해야 할 최선책을 구현시킬, 우리를 이끌 사람을 뽑았습니다. 그 사람은 존 캐리입니다. 존 캐리는 지역사회, 믿음, 봉사의 신념들을 이해하고 있습니다. 왜냐하면 이들이 그의 삶을 묘사하고 있기 때문입니다. 베트남에서의 영웅적인 근무로부터, 검사로서, 부지사로서의 세월, 상원의원으로서 20여 년간 그는 이 나라에 자신을 바쳐왔습니다.

8

쉬운 선택도 가능했었지만 그가 계속해서 어려운 선택을 한 것을 우리는 보았습니다. 그의 가치들이 우리를 위해 무엇이 최선인지를 확인해줍니다. 존 캐리는 열심히 일하면 그에 대한 보상이 주어지는 미국을 믿습니다: 그래서 해외에 일자리를 넘기는 회사에 세금 우대를 제안하는 대신 그들에게 여기 국내에서 일자리를 창출하도록 제안합니다.

9

존 캐리는 모든 미국인이 워싱턴에 있는 우리 정치가들이 갖는 보험과 똑같은 건강보험을 가져야 한다고 믿습니다. 존 캐리는 에너지독립을 믿습니다. 그래서 우리는 원유회사의 이익이나 외국 원유회사의 방해 행위에 인질로 잡히지 않습니다.

10

존 캐리는 우리나라를 세계의 부러움으로 만든 헌법적 자유를 믿습니다. 그는 결코 우리의 기본자유를 희생시키거나 우리를 분열시키는 쐐기로 신념을 사용하지 않습니다. 존 캐리는 위험한 세계 전쟁이 때로는 선택지가 되어야 하지만 그것이 결코 첫 번째 선택지가 되지는 않을 것임을 믿습니다.

11

얼마 전에 East Moline V.F.W. Hall에서 샤머스라는 이름의 젊은이를 만났습니다. 6피트 2~3인치 키에 잘생긴, 눈이 맑고 잘 웃는 젊은이였습니다. 그는 해군에 입대하여 다음 주에 이라크로 간다고 했습니다. 그의 이야기를 들으며, 그가 왜 입대하는지, 그가 이 나라와 지도자에게 갖는 절대 믿음과 그의 업무에 대한 헌신을 들으면서 나는 생각했습니다. 이 젊은이는 우리들이 한 아이에게 갖는 희망이라고 생각했습니다.

12

그러나 그 다음, 나는 나 자신에게 물었습니다: 우리는 샤머스에게 그가 우리에게 하는 만큼 하고 있는가? 나는 그들 자신의 고향으로 돌아가지 않을 900명의 남녀를, 아들과 딸을, 남편과 아내를, 친구들과 이웃들을 생각했습니다. 사랑하는 사람이 절름발이가 된 사람들, 그들이 예비군이라는 이유로 장기의료보험이 부족한 사람들, 사랑하는 이의 월급 없이 그럭저럭 살아가려 애쓰는 사람들, 사랑하는 사람이 사지를 잃거나 신경이 망가진 채로 돌아온 사람들의 가족을 생각했습니다.

13

우리의 젊은이들을 위험지역에 보낼 때 우리는 엄중한 책임, 즉 숫자를 얼버무리지 않고 또는 그들이 왜 가는지 진실을 감추지 않고, 그들이 가 있는 동안 그들의 가족을 보살피고, 그들이 귀환했을 때 도와야 할 책임, 전쟁에 이길 군대를 충분히 갖추지 않고는 전쟁에 절대 가지 않거나 평화를 지키고 세계의 존경을 받을 엄중한 책임을 가집니다.

14

명확히 합시다. 확실히 합시다. 이 세상에는 우리의 진짜 적들이 있습니다. 이들을 적발해야 합니다. 그들을 추적해야 합니다. 물리쳐야 합니다. 존 캐리는 이를 알고 있습니다. 존 캐리가 베트남에서 그와 함께 복역했던 사람들을 지키기 위해 목숨을 거는 데 주저하지 않은 것처럼, 대통령 캐리도 우리의 군사력으로 미국을 안전하게 유지하고 사용하는 데 한순간도 머뭇거리지 않을 것입니다.

15

존 캐리는 미국을 믿습니다. 그는 우리 몇몇이 부유한 것으로 충분하지 않다는 것을 알고 있습니다. 우리의 유연한 개인주의와 함께 미국역사에는 또 다른 요소가 있습니다. 우리 모두는 한 사람, 한 사람이 모두 연결되어 있다는 믿음입니다.

Vocabulary & Sentence Pattern

1. lose

~를 잃다, 상실하다, lose the weight 살을 빼다, lose temper 화가 나서 이성을 잃다, lose control 제어할 수 없게 되다, lose the election 선거에서 지다, lose the job 일자리를 잃다

ex We have more work to do for the workers who are <u>losing their union jobs.</u> 조합의 일을 잃은 사람들을 위해 우리는 더 많이 일해야 한다.

ex We have more work to do for the father <u>who losing his jobs</u> and chocking back the tears. 일자리를 잃고 눈물을 삼키는 아버지들을 위해 우리는 더 많은 일을 해야 한다.

ex The Democrats will <u>probably lose control of Congress.</u> 민주당은 아마 의회 지배권을 잃게 될 것이다.

ex People <u>often lose confidence when they are criticized.</u> 사람들은 비판을 받으면 흔히 자신감을 잃는다.

ex We <u>managed to lose our pursuers in the darkness.</u> 우리는 어둠 속에서 우리를 추적하던 자들을 간신히 따돌렸다.

ex Teenagers <u>lose their childhood simplicity and naturalness.</u> 십대들은 어린 시절의 단순함과 천진함을 잃는다.

2. expect

~를 예상하다, ~를 기대하다, ~을 요구하다, expectation 예상, (좋은 일이 있을 것이라는) 기대, (어떤 일을 꼭 하기를 바라는) 요구

ex They don't expect government to solve all their problems. 그들은 정부가 그들의 모든 문제를 해결해 주기를 기대하지 않는다.

ex Don't expect sympathy from me! 나한테서 연민을 기대하진 마!

ex The officer briefed her on what to expect. 경찰관이 그녀에게 예상되는 일에 대해 알려주었다.

ex I had been warned what to expect. 나는 예상을 해야 될 일에 대해 경고[주의]를 받았었다.

ex As expected, the election was very close. 예상대로 선거는 막상막하였다.

ex It's expected that the new products will be available next month. 새 제품은 다음 달에 나올 것으로 예상된다.

3. decent

(수준·질이) 괜찮은[제대로 된], 품위 있는, 예의 바른, (상황에) 적절한[온당한]
ordinary, decent, hard-working people 품위를 지키며 열심히 일하는 보통 사람들, decent idea 그럴싸한 발상, 괜찮은 아이디어, decent behavior 예의바른 행동, earn a decent living 괜찮은 수익을 내다, 짭짤한 수익을 내다

ex That dress isn't decent. 저 드레스는 점잖지 못해.

ex We can make sure that every child in America has a decent shot at life. 미국의 모든 아이들은 인생에서 꽤 괜찮은 시도를 할 수 있다고 확신한다.

ex There are no decent schools round here. 이 인근에는 괜찮은 학교가 없다.

ex I don't understand how so decent a person could be involved with this kind of crime. 저렇게 괜찮은 사람이 어떻게 이런 범죄에 연루되었는지 이해할 수 없다.

ex He is a decent guy who would help anyone in need. 그는 도움이 필요한

어떤 사람이라도 도우려고 하는 꽤 괜찮은 사람이다.

4. define

(단어·구의 뜻을) 정의하다, 규정하다, 분명히 밝히다, 윤곽을 분명히 나타내다

definition (특히 사전에 나오는 단어나 구의) 정의, (어떤 개념의) 의미[정의]

definite 확실한, 확고한, 분명한, 뚜렷한 (=clear)

ex John Kerry understands the ideals of community, faith, and service because they've defined his life. 지역사회, 신념, 봉사의 이상이 존 캐리의 삶을 규정하기 때문에 그는 이들을 잘 이해하고 있다.

ex We need to define the task ahead very clearly. 우리는 앞에 놓인 과제를 아주 명확히 규정할 필요가 있다.

ex The term 'mental illness' is difficult to define. '정신 질환'이라는 용어는 정의하기가 어렵다.

ex It is difficult to define what makes him so popular. 어째서 그가 그렇게 유명한 것인지를 분명히 밝히기는 어렵다.

ex It's difficult to define the exact nature of the problem. 그 문제의 정확한 본질은 정의하기가 어렵다.

ex It is difficult to define the border between love and friendship. 사랑과 우정 사이의 경계를 정하기는 어렵다.

단어 복습 문제 & 예문 찾기

(다음 단어와 제시된 예문의 뜻은? 자신의 예문도 하나 더 찾아보면 좋겠죠?)

1. compete with~

   ex They have to compete with their own children for jobs.

   ex ....

2. count on

   ex He has to count on the health benefits.

   ex ....

3. eradicate

   ex We should eradicate such evil practices.

   ex ....

4. priority

   ex Our first priority is to improve standards of living.

   ex ....

5. decent

   ex I've got to get some decent clothes.

   ex ....

6. obligation

   ex We have a moral obligation to protect the environment.

   ex ....

7. defeat

   ex These enemies must be found and defeated.

   ex ....

8. prosper

   ex We need to create a climate in which business can prosper.

   ex ....

This is me_Keala Settle(The Greastest Showman)

I am not a stranger to the dark, Hide away, they say
나는 어둠에 낯선 사람이 아니다, 숨어라, 그들은 말한다

'Cause we don't want your broken parts
우리는 당신의 부서진 부분을 원하지 않으니까요

I've learned to be ashamed of all my scars
난 내 모든 상처를 부끄러워하는 법을 배웠어

Run away, they say, No one'll love you as you are
도망쳐, 그들은 말한다, 아무도 당신을 있는 그대로 사랑하지 않을 거예요

But I won't let them break me down to dust
하지만 그들이 날 무너뜨리게 놔두지 않을 거야

I know that there's a place for us, For we are glorious
우리를 위한 자리가 있다는 걸 알아, 우리는 영광스럽기 때문에

_Barack Obama **299**

When the sharpest words wanna cut me down

가장 날카로운 말이 나를 산산조각 내고 싶을 때

I'm gonna send a flood, gonna drown 'em out

난 홍수를 일으켜 그 말들은 삼켜 버릴 거야

I am brave, I am bruised, I am who I'm meant to be, this is me

난 용감해, 난 멍들었어, 나는 내가 되어야 할 사람이야, 이게 나야

Look out 'cause here I come, And I'm marching on to the beat I drum

내가 나아갈 테니까 조심해, 그리고 나는 북을 치는 비트에 맞춰 행진하고 있어

I'm not scared to be seen, I make no apologies, this is me

나는 보이는 것이 두렵지 않다, 난 사과하지 않아, 이게 나야

Keala Settle

Keala Joan Settle (born November 5, 1975) is an American actress and singer.

Settle was born in Hawaii, the oldest of five children of Susanne (née Riwai), who is of Māori (Rangitāne, Ngāti Kahungunu) descent from New Zealand, and British-born David Settle.

In 2017, she portrayed Lettie Lutz, a bearded lady, in the musical film The Greatest Showman. The song "This Is Me" from the film, principally sung by Settle, won the 2018 Golden Globe Award for Best Original Song, and was nominated for the Academy Award for Best Original Song.

This is me

Back in the late 1800s, if you were running away to join the circus, there was no better circus to join than PT Barnum's. This was the man for whom the expression "legendary showman" might have been invented.

"This Is Me" is all about standing up for yourself, being proud of who you are, accepting yourself with all your deformities and insecurities. And, yes, loving yourself even when there's nobody else around you who loves you back.

It's about stepping out from the shadows…not shyly, hesitantly, cautiously, but bravely, boldly and proudly.

The world may deride you. But you should never deride yourself or see yourself as anything other than blessed to be who you are, doing what you do.

I know that's much easier said than done, but that's why great songs like "This Is Me" serve as a reminder for things we all know we should do, but often don't in practice.

Part 3 Come together as one American family

1

If there is a child on the south side of Chicago who can't read, that matters to me, even if it's not my child. If there's a senior citizen somewhere who can't pay for their prescription drugs, and has to choose between medicine and the rent, that makes my life poorer, even if it's not my grandparent. If there's an Arab American family being rounded up without benefit of an attorney or due process, that threatens my civil liberties.

2

It is that fundamental belief, it is that fundamental belief, I am my brother's keeper, I am my sister's keeper that makes this country work. It's what allows us to pursue our individual dreams and yet still come together as one American family.

3

Now even as we speak, there are those who are preparing to divide us, the spin masters, the negative ad peddlers who embrace the politics of anything goes. Well, I say to them tonight, there is not a liberal America and a conservative America — there is the United States of America. There is not a Black America and a White America and Latino America and Asian America — there's the United States of America.

4

The pundits, the pundits like to slice-and-dice our country into Red States and Blue States; Red States for Republicans, Blue States for Democrats. But I've got news for them, too. We worship an awesome God in the Blue States, and we don't like federal agents poking around in our libraries in the Red States. We coach Little League in the Blue States and yes, we've got some gay friends in the Red States. There are patriots who opposed the war in Iraq and there are patriots who supported the war in Iraq.

5

We are one people, all of us pledging allegiance to the stars and stripes, all of us defending the United States of America. In the end, that's what this election is about. Do we participate in a politics of cynicism or do we participate in a politics of hope? John Kerry calls on us to hope. John Edwards calls on us to hope.

6

I'm not talking about blind optimism here - the almost willful ignorance that thinks unemployment will go away if we just don't think about it, or the health care crisis will solve itself if we just ignore it. That's not what I'm talking about. I'm talking about something more substantial. It's the hope of slaves sitting around a fire singing freedom songs. The hope of immigrants setting out for distant shores.

7

The hope of a young naval lieutenant bravely patrolling the Mekong Delta. The hope of a millworker's son who dares to defy the odds. The hope of a skinny kid with a funny name who believes that America has a place for him, too.

8

Hope in the face of difficulty. Hope in the face of uncertainty. The audacity of hope! In the end, that is God's greatest gift to us, the bedrock of this nation. A belief in things not seen. A belief that there are better days ahead.

9

I believe that we can give our middle class relief and provide working families with a road to opportunity. I believe we can provide jobs to the jobless, homes to the homeless, and reclaim young people in cities across America from violence and despair. I believe that we have a righteous wind at our backs and that as we stand on the crossroads of history, we can make the right choices, and meet the challenges that face us.

10

America! Tonight, if you feel the same energy that I do, if you feel the same urgency that I do, if you feel the same passion I do, if you feel the same hopefulness that I do — if we do what we must do, then I have no doubts that all across the country, from Florida to Oregon, from Washington to Maine, the people will rise up in November, and John Kerry will be sworn in as president, and John Edwards will be sworn in as vice president, and this country will reclaim its promise, and out of this long political darkness a brighter day will come.

Thank you very much everybody. God bless you. Thank you.

Notes

that matters to me: 그것은 내게 중요하다, 문제가 된다, matter 중요하다, 문제가 되다, Does it matter? 지금 그게 중요합니까? Black lives matter. 흑인 목숨도 중요하다.

prescription drug: 처방약, prescription 처방전, prescribe 처방하다, The pharmacist will make up your prescription. 약사가 당신에게 처방된 약을 조제해 줄 것이다.

be rounded up: 체포되다, round up 체포하다, 잡아넣다, The detectives scattered to round up the culprit. 형사들은 범인을 잡기 위해 산산이 흩어졌다.

fundamental belief: 근본적인 믿음, fundamental 근본적인, 본질적인, a question of fundamental importance 본질적으로 중요한 질문

pursue: 추구하다, (목표, 이상 등을) 쫓다, Pursue your dream with health. 건강하게 당신의 꿈을 쫓아가세요.

spin master: (= a spin doctor), (정당 등의) 대변인, 어떤 사건에 대해 특정 정당이나 특정인에게 유리한 해석을 내리는 사람, 공보 비서관

negative ad peddlers: 부정적 광고업자들, peddler 장사꾼, 행상, He is nothing but a peddler. 그는 한갓 떠돌이 장사꾼에 지나지 않는다.

pundit: 전문가, 분석가, 권위자, a political pundit 정치 전문가, TV pundit 텔레비전에 출연하여 견해를 밝히는 여러 분야의 전문가

poking around: 무엇을 찾으려고 뒤지다, 캐다, poke 밀다, 찌르다, 뒤적이다

pledging allegiance: 국기에 대한 맹세, 충성을 맹세함, pledge allegiance to the flag 국기에 충성을 서약하다, pledge 맹세하다, allegiance 충성

stars and stripes: 미국 국기, 성조기 Above the building the Stars and Stripes are floating. 그 건물 위에 성조기가 나부낀다.

call on: 요청하다, 촉구하다, call on A to B: A가 B 하도록 촉구하다

blind optimism: 맹목적인 낙관주의, optimism 낙관주의, blind 눈이 안 보이는, 맹목적인, Each blind student was paired with a sighted student. 각 맹인 학생은 앞을 볼 수 있는 학생과 짝이 지어졌다.

willful ignorance: 의도적인 무시, 무관심, willful 일부러, 계획적인, 고의의, willful misjudgment 고의적 오심, ignorance 무지, 무식, Poverty and ignorance are the enemies of progress. 가난과 무지는 발전의 장애물[적]이다.

something more substantial: 뭔가 더 구체적인 것, substantial 실질적인, 구체적인, 상당한 양의, substantial advantage 실질적인 이점

setting out: 출발하다, 시작하다, He set out on the long walk home. 그는 걸어서 긴 귀갓길에 올랐다. She set out to break the world record. 그녀는 세계 기록 갱신에 나섰다.

young naval lieutenant: 젊은 해군 중위, naval 해군의, navy 해군, lieutenant 중위, He has been advanced from lieutenant to captain. 그는 중위에서 대위로 승진했다.

defy: 반항하다, 거역하다, 저항하다, defiant (공개적으로, 때로는 공격적으로) 반항[저항]하는, defiance (공개적으로 하는) 반항[저항], I wouldn't have dared to defy my teachers. 나라면 선생님들에게 감히 반항하지 못했을 것이다.

audacity: 대담성, audacious 대담한, He had the audacity to say I was too fat. 그는 내게 너무 뚱뚱하다고 말할 정도로 뻔뻔했다. He had the audacity to tell me that. 그 인간 뻔뻔스럽게 나한테 그 말을 했다니까!

bedlock: 암반, 반석

a righteous wind at our backs: 우리 등 뒤에서의 정의로운 바람, righteous 정의로운, 옳은, His dream is accordance with his righteous faith. 그의 꿈은 그의 정의로운 신념과 어울린다.

meet the challenges that face us: 우리가 당면한 도전을 해결하다. We have enough money to meet our needs. 우리는 우리가 필요한 것들을 충당할 충분한 돈이 있다.

지문 해석

1

만일 시카고 남쪽 어디엔가 글을 읽지 못하는 아이가 있다면 그 아이가 내 아이가 아니라 해도 내게는 문제가 됩니다. 만일 어딘가에 처방받은 약을 살 돈이 없는 노인이, 그가 약이나 월세 중 하나만을 선택해야 한다면 그 노인이 내 할아버지가 아니라도 그것은 내 삶을 더 가난하게 만듭니다. 만일 변호사나 정당한 법 절차 도움 없이 체포되는 아랍계 미국인이 있다면 그 일은 나의 시민권을 위협합니다.

2

그것은 기본적인, 근본적인 신념입니다. 나는 이 나라가 작동하게 하는 내 형제, 자매를 지키는 사람입니다. 그것은 우리가 각자의 꿈을 추구하면서 또한 하나의 미국인 가족으로 함께 가도록 하는 것이다.

3

우리가 말하고 있는 지금도, 우리를 갈라놓을 준비를 하는 사람들이 있습니다. 공보비서관들, 무엇이든 허용되는 정치를 끌어안는 네거티브 광고업자들이 있습니다. 자! 저는 오늘밤 그들에게 말하겠습니다. 진보적 미국, 보수적 미국은 없습니다. 오직 United States of America, 통합적인 미국이 있을 뿐입니다. 흑인의 미국, 백인의 미국, 라틴인의 미국, 아시아인의 미국은 없습니다. 오직 United States of America, 통합적인 미국이 있습니다.

4

분석가들은 우리나라를 Red States와 Blue States로 나누길 좋아합니다: 공화당이 우세한 Red States, 민주당이 우세한 Blue States, 그러나 저도 그들을 위한 뉴스가 있습니다. 우리는 Blue States의 위대한 신을 숭배합니다. 그리고 우리는 Red States에서 우리의 도서관들에서 뒤지고 다니는 연방요원을 좋아하지 않습니다. 우리는 Blue States의 Little League를 코치합니다. 우리는 Red States에 몇몇 게이 친구를 가지고 있습니다. 이라크에서의 전쟁을 반대하는 애국자도 있고 이라크에서의 전쟁을 지지하는 애국자도 있습니다.

5

우리는 모두 하나의 국민입니다. 우리 모두는 성조기에 충성을 맹세하고 우리 모두는 United States of America를 지킵니다. 결국 이 모두가 이번 선거에 관한 것입니다. 우리는 냉소적 정치에 참여할 것인가, 혹은 희망의 정치에 참여할 것인가, 존 캘리는 우리에게 희망을 촉구합니다. 존 에드워드도 우리에게 희망을 요구합니다.

6

제가 여기서 무조건적인 낙관주의를 얘기하는 것은 아닙니다. 거의 고의적인 무시, 즉 우리가 실업에 대해 생각하지 않으면 실업이 없어질 것이다. 혹은 의료 서비스 위기도 그냥 무시해버리면 저절로 풀릴 것이다와 같은 거의 고의적인 무시, 제가 얘기하는 것은 그런 것이 아닙니다. 저는 보다 근본적인 것을 얘기하는 것입니다. 그것은 모닥불가에 둘러 앉아 자유의 노래를 부르는 노예의 희망입니다. 먼 해변으로 출발하는 이민자의 희망입니다.

7

메콩델타를 순찰하는 젊은 해군 중위의 희망, 감히 불가능에 도전하는 방앗간 노동자 아들의 꿈, 미국에는 그를 위한 공간이 있을 것이라고 믿는 우스꽝스런 이름을 가진

삐쩍 마른 아이의 꿈.

8

고난에 직면했을 때의 꿈, 불확실성에 대면했을 때의 꿈, 희망의 담대함, 결국 그것은 하나님이 우리에게 주신 위대한 선물인 이 나라의 기반입니다. 보이지 않는 것에 대한 믿음, 앞으로 더 좋은 날들이 있을 거라는 믿음.

9

우리는 우리의 중산층에게 안도감을 줄 수 있고 노동자 가정에 기회를 줄 수 있습니다. 저는 우리가 일자리가 없는 사람에게 일자리를 줄 수 있다고 믿습니다. 집이 없는 사람들에게 집을 주고, 미국 도시의 젊은이들을 폭력과 절망에서 구출할 수 있습니다. 우리는 우리의 등 뒤에서 정의로운 바람을 맞으며 역사의 교차로에서 서 있습니다. 우리는 올바른 선택을 할 수 있고 우리가 당면한 도전을 감당할 수 있습니다.

10

미국이여! 오늘밤, 여러분이 내가 가진 같은 에너지를 느낀다면, 저와 같은 긴급함을 느낀다면, 제가 가진 열정을 느낀다면, 저와 같은 희망을 느낀다면, 우리가 해야 할 것을 한다면, 전 나라에 걸쳐서, 플로리다에서 오레곤까지, 워싱턴에서 메인까지, 11월에 우리 모두 일어나서 존 캐리는 대통령으로 선서하고, 존 에드워드는 부통령으로 선서하여 이 나라는 약속을 다시 찾고 긴 정치적 어둠에서 더 밝은 나라가 올 것이라는 것을 믿습니다. 감사합니다.

Vocabulary & Sentence Pattern

1. allow

허락하다, 용납하다, allow A to B: A가 B하는 것을 허락하다, allowance 용돈, 수당, 허용량

ex This fundamental belief is <u>what allows us to pursue our individual dreams</u> and yet still come together as one American family. 이 근본적인 믿음이 우리가 각자 개인의 꿈을 추구하도록 허락하면서 또한 하나의 미국인으로서 함께 갈 수 있도록 하는 것이다.

ex The crowd parted <u>to allow her through</u>. 그녀가 지나가도록 사람들이 길을 내 주었다.

ex No civilized country <u>should allow such terrible injustices</u>. 어떤 문명국가도 그처럼 끔찍한 부정행위들은 허용하지 않을 것이다.

ex Please, <u>allow 28 days for delivery</u>. 배달 기간으로 28일을 잡아 주십시오.

ex Any political system <u>refusing to allow dissent</u> becomes a tyranny. 어떤 것이든 반대[이의]를 허용하지 않으려는 정치 체제는 독재가 된다.

ex We <u>don't allow people to smoke</u> in this hotel. 우리는 이 호텔에서 흡연하는 것을 허락하지 않습니다.

ex We <u>allow the dog to roam here</u>. 여기는 개들이 돌아다니는 것을 허락합니다.

2. even if

(비록) …일지라도, (설사) …이라고 할지라도, even if/though …에도 불구하고[…이긴 하지만], …라 하더라도, even if that were the case 설령 그것이 사실이라 하여도

ex If there's a senior citizen somewhere who can't pay for their prescription drugs, that makes my life poorer, <u>even if it's not my grandparent</u>. 만일 어딘가에 처방약을 살 돈이 없는 노인이 있다면 그 사람이 내 할아버지가 아니라 할지라도 내 삶을 더 가난하게 만든다.

ex Trump is obsessed with always being involved in only the "biggest" and the "best" things, <u>even if he has to exaggerate wildly</u> to make those fantasies come true. 트럼프는 그런 판타지를 실현하기 위해 엄청 과장을 해야 할지라도 언제나 가장 좋은 것, 가장 큰 것에 집착한다.

3. That's what ~~

"그것이 바로 ~~입니다"의 패턴으로 많이 쓰이는 표현

ex <u>That's what I mean</u>. 바로 그것이 제가 의미하는 것입니다.

ex <u>That's what I remember</u>. 그것이 바로 제가 기억하는 바입니다.

ex <u>That's what I'm talking about</u>. 바로 그게 내가 말하고 있는 겁니다.

ex <u>That's what you think</u>. 그건 당신 생각이고(말하는 사람이 그 생각이 틀렸다고 생각할 때 쓴 idiom)

ex We are one people, all of us pledging allegiance to the stars and stripes, all of us defending the United States of America. In the end, <u>that's what this election is about</u>. 우리는 모두 하나이고 성조기에 충성을 맹세하며 미국을 지킵니다. 바로 이번 선거는 이런 것들에 대한 선거입니다.

ex Keep smiling, keep shining, knowing you can count on me, for sure <u>that's what friends are for</u>. 웃음을 잃지 말고 스스로 빛나라. 너는 나를 믿을 수 있어, 바로 그것이 친구가 있는 이유이다.

4. dare

~할 용기가 있다, 감히 ~~하다, ~~할 엄두를 내다

ex "How dare she," he muttered under his breath. "그녀가 감히 어떻게," 그가 숨죽인 소리로 중얼거렸다.

ex How dare you talk to me like that? 어떻게 감히 네가 나한테 그런 말을 해?

ex The hope of a millworker's son who dares to defy the odds. 불가능에 도전하는 (허드렛일, 이상한 것들을 감히 거부하는) 방앗간집 아들의 희망

ex You come to us young people for hope. How dare you! You have stolen my dreams and my childhood with your empty words. 당신들은 우리 젊은이들에게 희망을 얘기합니다. 어떻게 그럴 수 있죠? 당신들은 그 허망한 말로 내 꿈과 어린 시절을 빼앗아갔습니다(Greta Thunberg UN 연설에서).

ex We are in the beginning of a mass extinction and all you can talk about is money and fairytales of eternal economic growth. How dare you! 우리는 대량 멸종이 시작되는 시기에 있고 당신들이 말하는 것은 그저 돈과 영원한 경제발전의 동화입니다. 어떻게 그럴 수 있죠?

ex How dare you pretend that this can be solved with just business as usual and some technical solutions? 어떻게 이것이 예전처럼 비즈니스와 기술적 해결책으로 풀릴 수 있는 척할 수 있나요?

단어 복습 문제 & 예문 찾기
(다음 단어와 제시된 예문의 뜻은? 자신의 예문도 하나 더 찾아보면 좋겠죠?)

1. senior citizen

ex   'Senior citizen' is a euphemism for 'old person.'

ex   ....

2. prescription drug

ex   He died of a heart attack brought on by a prescription drug overdose.

ex   ....

3. allow

ex   She worked on the project here and there as time allowed.

ex   ....

4. participate

ex   We encourage students to participate fully in the running of the college.

ex   ....

5. ignorance

ex His racist attitudes were born out of ignorance.

ex ....

6. challenge

ex We must meet the challenge squarely.

ex ....

7. violence

ex They were accused of instigating racial violence.

ex ....

8. despair

ex Her mood alternated between happiness and despair.

ex ....

Heal The World_Michael Jackson

~~~~~~~~~~~~~~~~~~~~

There's a place in your heart
당신의 마음에 한 공간이 있습니다

And I know that it is love
그리고 나는 그것은 사랑이라는 것을 압니다.

And this place it was brighter than tomorrow
그리고 이곳은 내일보다도 더 밝게 빛날 수 있죠

And if you really try, You'll find there's no need to cry
진심으로 노력한다면, 당신은 여기에서는 울 필요가 없다는 것을 알게 될 것입니다

In this place you'll feel there's no hurt or sorrow
이곳에서 당신은 아픔이나 슬픔이 없음을 느낄 것입니다

There are ways to get there
거기에 닿을 수 있는 방법이 있습니다

_Barack Obama **317**

If you care enough for the living, Make a little space, Make a better place
당신이 생명을 소중히 여긴다면, 작은 공간을 만들고 더 좋은 곳으로 만드세요

Heal the world, Make it a better place
세상을 치유하고 더 좋은 곳으로 만들어요

For you and for me, and the entire human race
너와 나, 그리고 인류 전체를 위해서

There are people dying, If you care enough for the living
죽어가는 사람들이 있습니다, 당신이 생명을 소중하게 생각한다면

Make a better place for you and for me
너와 나를 위해 더 나은 곳을 만들어요

Michael Jackson

Michael Joseph Jackson (August 29, 1958 - June 25, 2009) was an American singer, songwriter, dancer, and philanthropist. Dubbed the "King of Pop," he is regarded as one of the most significant cultural figures of the 20th century.

Over a four-decade career, his contributions to music, dance, and fashion, along with his publicized personal life, made him a global figure in popular culture.

Jackson influenced artists across many music genres; through stage and video performances, he popularized complicated dance moves such as the moonwalk, to which he gave the name, as well as the robot. He is the most awarded musician in history.

Jackson is regarded as a prolific philanthropist and humanitarian. Jackson's early charitable work has been described by The Chronicle of Philanthropy as having "paved the way for the current surge in celebrity philanthropy," and by the Los Angeles Times as having "set the standard for generosity for other entertainers."

Jackson's philanthropic activities went beyond just monetary donations. He also performed at benefit concerts, some of which he arranged. He gifted tickets for his regular concert performances to groups that assist underprivileged children.

He visited sick children in hospitals around the world. He opened his own home for visits by underprivileged or sick children and provided special facilities and nurses if the children needed that level of care.

Heal The World

Jackson said that "Heal the World" is the song he was most proud to have created. He also created the Heal the World Foundation, a charitable organization which was designed to improve the lives of children.

정영옥

서울대학교 농과대학 농가정학과 졸업(이학사, 석사)
동국대학교 대학원 가정학과(이학 박사)
원광대학교 대학원 영어교육학과 졸업(교육학 석사)
1993년 4월~1994년 3월 일본 나라여자대학 박사 후 연수
1983년 1월~1990년 2월 농촌진흥청 근무
1990년 3월 이후 동신대학교 근무
현재, 동신대학교 경찰행정학과 교수

영어로 세상읽기 II

초판발행	2023년 2월 20일
지은이	정영옥
펴낸이	안종만·안상준
편 집	전채린
기획/마케팅	박부하
표지디자인	Ben Story
제 작	고철민·조영환
펴낸곳	㈜ **박영사**
	서울특별시 금천구 가산디지털2로 53, 210호(가산동, 한라시그마밸리)
	등록 1959. 3. 11. 제300-1959-1호(倫)
전 화	02)733-6771
f a x	02)736-4818
e-mail	pys@pybook.co.kr
homepage	www.pybook.co.kr
ISBN	979-11-303-1676-5 13740

copyright©정영옥, 2023, Printed in Korea

정 가   24,000원